paso>a>paso
cocina asiática

paso>a>paso

cocina asiática

un recetario visual explicado paso a paso

Esta edición ha sido publicada en 2013.

LOVE FOOD is an imprint of Parragon Books Ltd.

LOVE FOOD and the accompanying heart device is a registered trade mark of Parragon Books Ltd in Australia, the UK and the EU.

Copyright © 2011 de la edición en español:
Parragon Books Ltd
Queen Street House
4 Queen Street
Bath BA1 1HE, UK

Todos los derechos reservados. Ninguna parte de esta obra puede ser reproducida, almacenada o transmitida de forma o medio alguno, sea este electrónico, mecánico, por fotocopia, grabación o cualquier otro, sin la previa autorización escrita de los titulares de los derechos.

ISBN: 978-1-4723-0369-1

Impreso en China
Printed in China

Diseño: Talking Design
Fotografía: Mike Cooper
Estilismo gastronómico: Lincoln Jefferson
Recetas nuevas: Christine France
Introducción: Linda Doeser

Traducción del inglés: Pepa Cornejo Parriego para LocTeam, Barcelona
Redacción y maquetación de la edición en español: LocTeam, Barcelona

Notas para el lector
Todas las cucharadas utilizadas como unidad son rasas: una cucharadita equivale a 5 ml y una cucharada a 15 ml. Si no se indica lo contrario, la leche que se utiliza es entera; los huevos y las hortalizas, como por ejemplo las patatas, son de tamaño medio, y la pimienta es negra y recién molida.

Los tiempos de preparación y cocción de las recetas son aproximados, ya que pueden variar en función de las técnicas empleadas por cada persona y según el tipo de horno o fogón utilizados. Los ingredientes opcionales, las variaciones y las sugerencias de presentación no se han incluido en los cálculos.

Las recetas que incluyen huevos, pescado, carne o aves crudos o poco hechos no son recomendables para niños, ancianos, embarazadas, personas convalecientes y enfermos. Se aconseja a las mujeres embarazadas o lactantes no consumir cacahuetes ni sus derivados. Las personas alérgicas a los frutos secos deben tener en cuenta que algunos ingredientes preparados de las recetas de este libro pueden contener este ingrediente. Compruebe siempre el envase de los productos antes de consumirlos.

Aunque el sushi tradicionalmente se prepara con pescado tanto crudo como cocido, todas las recetas de sushi de este libro pueden hacerse con pescado cocido. Si prefiere el pescado crudo, asegúrese de que sea lo más fresco posible, que proceda de un proveedor de confianza de pescado apropiado para sushi o sashimi y que se haya conservado a baja temperatura en un frigorífico hasta que vaya a consumirlo. Asimismo, el pescado debe prepararse con utensilios limpios.

contenido

introducción	06
entrantes y sopas	14
tallarines y arroz	66
platos principales	118
postres	170
índice	222

introducción

Este magnífico libro de cocina, profusamente ilustrado con prácticas fotografías, será una valiosa joya en su biblioteca culinaria. Las recetas son deliciosas, auténticas, claras y fáciles de seguir gracias a sus espléndidas imágenes, de manera que, sea cual sea su nivel de experiencia en la cocina, el éxito está prácticamente garantizado.

Cada receta comienza con una fotografía de todos los ingredientes, aunque no se trata de una bonita imagen sin más o, peor aún, de un montaje en el que la pinza de un cangrejo parece del mismo tamaño que un pato. Las imágenes del libro sirven de guía para comprobar que dispone de todo lo necesario antes de ponerse a cocinar. Con solo comparar la imagen con los ingredientes dispuestos en la mesa de su cocina, se asegurará de que no ha olvidado nada y sabrá que cuando tenga que añadir el cilantro, por ejemplo, ya lo tendrá picado como se indica en la lista de ingredientes. Si no sabe con qué grosor debe cortar las rodajas de verdura o las gambas, con echar un vistazo a la fotografía saldrá de dudas.

En la descripción de los pasos se han evitado tecnicismos que puedan desorientar al lector. También en este caso, la fotografía es muy parecida al resultado obtenido. Esto no solo supone un alivio para el cocinero novel, sino también una gran ayuda para que los más experimentados no pasen por alto pequeños detalles. Las recetas concluyen con una fotografía del plato terminado con la correspondiente sugerencia de presentación.

Utilidad de este libro

La comida asiática –ya sea china, tailandesa, japonesa, indonesia o malasia– disfruta desde hace décadas de gran popularidad en Occidente, donde los cocineros se han aventurado cada vez más a probar recetas en sus cocinas, sobre todo ahora que resulta fácil encontrar los ingredientes típicos en todas partes. La comida asiática se concibe para agradar tanto a la vista como al paladar y, aunque numerosos platos –como los salteados en wok– pueden cocinarse en unos minutos, todos se preparan cuidando el detalle al máximo y manteniendo un increíble equilibrio de sabores. Con las sesenta fáciles recetas que recoge este libro, podrá recrear el sabor, la textura y la apariencia auténticos de Asia sin salir de casa.

Puede escoger y combinar platos para una cena familiar entre semana o elaborar una comida formal para una ocasión especial con sopa, rollitos, salteados en wok, currys, asados y, por supuesto, arroz y tallarines, todos ellos servidos al mismo tiempo y seguidos de un exótico helado o de fruta frita.

>1 >2 >3

>1 >2 >3

claves del éxito

> Lea la receta completa antes de empezar, desde la lista de ingredientes hasta el método de preparación, para saber exactamente lo que necesitará. Rebuscar en la despensa para encontrar un ingrediente poco habitual o tener que apartar un montón de utensilios para alcanzar el que necesita mientras cocina es, en el mejor de los casos, desesperante y, en el peor, puede provocar que se le queme el salteado o que se le pase el arroz.

> Intente conseguir los ingredientes menos habituales –como los cebollinos chinos o el galangal– en un supermercado chino, donde suelen tener ingredientes de muchos países asiáticos, para lograr un sabor auténtico y un aroma único.

> Existe una diferencia entre la leche de coco, muy utilizada en las cocinas tailandesa e indonesia y que puede adquirirse en lata, y el líquido claro y casi incoloro del interior de un coco fresco. La leche de coco se obtiene a partir de pulpa de coco remojada en agua, y es un líquido más espeso y cremoso.

> Corte siempre la ternera a contraveta, pues de lo contrario se endurecerá. El cordero, el cerdo y las aves pueden cortarse a lo largo de la veta o a contraveta.

> Si tiene que cortar carne en lonchas muy finas, colóquela en el congelador en torno a una hora para que se endurezca.

> Salvo que sean antiadherentes, es necesario engrasar los woks antes de utilizarlos por primera vez para crear una capa protectora. Primero, frote el wok con un lavavajillas líquido para retirar la película protectora de aceite del fabricante. Póngalo a fuego lento y añada 2 cucharadas de aceite vegetal. Con papel de cocina, extienda el aceite por todo el interior del wok; luego, déjelo a fuego lento unos 10 minutos. Retírelo del fuego y limpie el aceite con papel de cocina, que se volverá negro. Póngalo de nuevo al fuego con otras 2 cucharadas de aceite que deberá extender por toda la superficie con papel de cocina. Deje el wok al fuego 10 minutos, y después límpielo con papel como hizo antes. Realice este proceso cuantas veces sean necesarias hasta que el papel no se manche; entonces podrá utilizar el wok. (Encontrará más información en la pág. 11.)

> Pasta para rollitos de primavera: hay dos tipos de pasta. La pasta de harina de arroz debe ponerse en remojo antes de utilizarla para que sea flexible. La de harina de trigo suele venderse congelada; póngala a descongelar a temperatura ambiente durante un par de horas, y sepárela con cuidado.

> Recuerde que la salsa de soja japonesa, también conocida como shoyu y que puede ser clara (usukuchi) y normal (tamari), no tiene un sabor tan intenso como la china.

para ganar tiempo

> Para pelar un diente de ajo, májelo un poco con la hoja de un cuchillo de cocina. Podrá quitarle fácilmente la piel.

> Para preparar jengibre fresco, pélelo con un cuchillo pelador. Colóquelo sobre una tabla de picar y májelo un poco con la hoja de un cuchillo de cocina; después píquelo o córtelo en tiras.

> Para preparar guindillas, pártalas a lo largo y retire las semillas y las venas con la punta de un cuchillo. El picante de las guindillas se halla en las venas y en las semillas. Al retirar estas últimas, las venas tienden a desprenderse. Si le encantan los platos muy picantes, no las quite.

> Para preparar la hierba de limón, corte las puntas secas y conserve unos 15 cm del tallo. Retire las gruesas capas exteriores. Deposite la hierba de limón sobre una tabla para picar, coloque encima la hoja de un cuchillo de cocina y macháquela con el puño; después, córtela en rodajitas. Por último, píquela fino. También puede utilizar la hierba de limón sin picar; en este caso, retírela antes de servir el plato.

> Para cortar hierbas frescas, utilice tijeras de cocina en lugar de un cuchillo.

utensilios prácticos

> **Wok:** Este es probablemente el único utensilio esencial que no es habitual en las cocinas occidentales. Es una sartén grande en forma de cuenco con paredes inclinadas y base redondeada o plana; el diámetro ideal es de 35 cm. Los de base redondeada van bien para las cocinas de gas, y los de base plana son más adecuados para las eléctricas. Se usa principalmente para saltear, aunque también resulta útil para cocinar al vapor, freír y estofar. Los mejores woks son los de acero al carbono, un material que resiste la alta temperatura necesaria para saltear. Los de acero inoxidable se queman con facilidad y los antiadherentes no resisten las temperaturas elevadas. Los modelos que incorporan asas laterales son fáciles de sujetar.

Otros tienen un único mango largo, o un mango largo y un asa. Antes de utilizar un wok por primera vez, hay que engrasarlo (véase pág. 10). Si el wok no viene con tapa, merece la pena comprar una tapadera grande y abombada para cocinar al vapor. También se puede saltear en una sartén grande, pero resulta más difícil. La forma del wok permite remover con facilidad los ingredientes desde el centro hacia los laterales sin que caigan sobre la placa. Para saltear en un wok, caliéntelo antes de añadir el aceite, que debe extenderse para cubrir la base y la mitad de las paredes. Comience a cocinar con los ingredientes aromáticos, añada luego los que necesiten un mayor tiempo de cocción y, por último, el resto.

> **Vaporera:** Puede usarse una vaporera occidental para cocinar platos asiáticos, pero merece la pena adquirir una de bambú. No son caras y están diseñadas para apilarse sobre las paredes del wok, por encima del nivel del agua. Están disponibles en varios tamaños y también pueden usarse para servir. Si va a cocinar un ingrediente al vapor sobre un plato, necesitará un salvamanteles que pueda colocarse en la base del wok para mantener el plato por encima del nivel del agua.

> **Cuchillos:** Unos cuchillos de buena calidad, pesados y equilibrados son esenciales en la cocina. Lo mínimo es disponer de un cuchillo de pelar, uno de verduras, uno multiusos y un cuchillo de chef. Manténgalos afilados y guárdelos en un bloque para cuchillos. Los cuchillos afilados son más fáciles de usar y más seguros, ya que no resbalan. Plantéese comprar una cuchilla de carnicero. La mayoría de los cocineros occidentales cree que es un utensilio pesado y difícil de manejar, pero merece la pena adquirirlo tanto por su capacidad de corte –cortan fácilmente incluso costillas– como por la de realizar tareas delicadas, como desvenar gambas.

> **Tablas de cocina:** Las tablas de madera son económicas, tienen propiedades antibacterianas naturales, se llevan bien con las hojas de los cuchillos y son fáciles de limpiar con agua caliente y jabón. También tienen algún inconveniente: suelen pesar y abultar bastante, lo que dificulta su almacenaje, y no se pueden esterilizar. Las de plástico tienen una textura áspera que impide que los ingredientes resbalen, y son más delgadas y ligeras, se pueden lavar en el lavavajillas y esterilizarse. Por lo general se venden en varios colores, lo que le permite utilizar una tabla para carnes, otra para aves y otra para hortalizas crudas.

> **Accesorios para el wok:** Ninguno de ellos es indispensable, aunque resultan muy útiles y hacen que las recetas sean más auténticas. Una espumadera para wok es una amplia cestita de malla con un mango largo de madera. Facilita el salteado, pero también se puede usar una cuchara con un mango largo. Para limpiar el wok se utiliza un cepillo de fibras de bambú, pero también puede utilizar un cepillo lavaplatos.

> **Palillos para cocinar:** Estos palillos superlargos sirven para añadir ingredientes, remover, separar los tallarines y ahuecar el arroz. Por supuesto, también puede usar una cuchara y un tenedor, pero es más divertido utilizar los utensilios auténticos, que son más fáciles de manipular de lo que parecen. Para usarlos, coloque un palillo en la curva formada entre el índice y el pulgar, y sujete el segundo palillo como si fuera un lápiz. Mantenga fijo el primero y mueva el segundo para sujetar trozos de carne u hortalizas.

entrantes y sopas

sopa tom yum tailandesa con pescado

para 6 personas

ingredientes

1,5 litros de caldo de pollo
6 tallos de hierba de limón (lemongrás) aplastados para que suelten su sabor
3 cucharadas de raíces de cilantro picadas finas
10 hojas de lima kaffir con los tallos centrales cortados
1 guindilla roja (chile) sin semillas picada fina
1 trozo de galangal (o jengibre fresco) de 2,5 cm pelado y picado fino
3 cucharadas de caldo de pescado, y un poco más al gusto
1 cucharada de azúcar, y un poco más al gusto
500 g de gambas (langostinos) crudas peladas y desvenadas
500 g de pescado blanco de carne firme, como bacalao o rape, picado en trozos pequeños
225 g de brotes de bambú o de castañas de agua en conserva
12 tomatitos cherry cortados por la mitad
zumo (jugo) de 2 limas
1 manojo de hojas de cilantro frescas y otro de hojas de albahaca picadas, para decorar

>1 Vierta el caldo en un cazo grande.

>2 Añada la hierba de limón, las raíces de cilantro, las hojas de lima, la guindilla, el galangal, el caldo de pescado y el azúcar. Tape el cazo.

>3 Después de llevarlo a ebullición, baje el fuego y déjelo cocer a fuego lento 10 minutos.

>4 Incorpore las gambas, el pescado y el bambú, y déjelo cocer a fuego lento 4 minutos más.

>5 Agregue los tomates y el zumo de lima, pruébelo para ver si está sazonado y, si es necesario, añada más caldo de pescado y azúcar.

>6 Retire y deseche los tallos de hierba de limón, y reparta la sopa en cuencos individuales.

Esparza las hojas de cilantro y albahaca por encima, y sirva.

sopa agridulce tom yum

para 4 personas

ingredientes

2 guindillas (chiles) rojas frescas, sin semillas y picadas en trozos grandes
6 cucharadas de vinagre de arroz
1,25 litros de caldo de verdura
2 tallos de hierba de limón (lemongrás) cortados por la mitad
4 cucharadas de salsa de soja
1 cucharada de azúcar de palma
zumo (jugo) de ½ lima
2 cucharadas de aceite de cacahuete (maní) o vegetal
225 g de tofu consistente (peso escurrido) en dados de 1 cm
400 g de setas (hongos) de paja en conserva escurridas
4 cebolletas (cebollas de verdeo) picadas
1 pak choi pequeño en tiras

>1 Mezcle las guindillas y el vinagre en un recipiente no metálico, cúbralo y déjelo reposar a temperatura ambiente durante 1 hora.

>2 Mientras, lleve el caldo a ebullición en una cacerola. Añada la hierba de limón, la salsa de soja, el azúcar y el zumo de lima, baje el fuego y déjelo cocer a fuego lento de 20 a 30 minutos.

>3 Caliente el aceite en un wok precalentado, agregue el tofu y saltéelo a fuego fuerte durante 2 o 3 minutos o hasta que se dore. (Quizá tenga que hacerlo en tandas, dependiendo del tamaño del wok.)

>4 Retire el tofu con una espumadera y escúrralo sobre papel de cocina.

>5 Incorpore las guindillas y el vinagre junto con el tofu, las setas y la mitad de las cebolletas al caldo y cuézalo durante 10 minutos.

>6 Mezcle las cebolletas restantes con el pak choi.

Esparza por encima las cebolletas y el pak choi, y sírvalo.

sopa de miso

para 4 personas

ingredientes
1 litro de agua
2 cucharaditas de dashi granulado
175 g de tofu sedoso escurrido y en daditos
4 setas (hongos) shiitake o blancas en láminas finas
4 cucharadas de pasta de miso
2 cebolletas (cebollas de verdeo) picadas

 1 Vierta el agua en un cazo grande con el dashi en gránulos y llévelo a ebullición.

 2 Agregue el tofu y las setas, baje el fuego y déjelo hervir 3 minutos.

El miso empezará a compactarse, así que remueva la sopa antes de servirla para que se diluya bien.

>3 Agregue el miso, déjelo cocer a fuego lento y remuévalo hasta que se disuelva.

>4 Incorpore la cebolleta y sirva la sopa de inmediato.

sopa laksa de salmón al estilo tailandés

para 4 personas

ingredientes

zumo (jugo) y cáscara de 2 limas
2 cucharadas de aceite de girasol
1 guindilla roja (chile) sin semillas y picada fina
4 dientes de ajo pelados y majados
1 trozo de jengibre fresco de 2,5 cm pelado y rallado
1 cucharadita de cilantro molido
1 manojo pequeño de cilantro fresco, y un poco más para decorar
3 cucharadas de nam pla
500 ml de caldo de verduras o de pescado
850 ml de leche de coco envasada
3 zanahorias peladas y en rodajas finas
400 g de fideos
1 cucharada de aceite de sésamo
1 cucharada de aceite vegetal
200 g de cogollos (atados) de brócoli
500 g de lomo de salmón, sin piel ni espinas, en rodajas de medio dedo de grosor

> **1** Coloque los ocho primeros ingredientes en una picadora y tritúrelos hasta obtener una pasta.

> **2** Caliente una cacerola a fuego medio y añada la pasta. Fríala durante 1 minuto.

> **3** Agregue el caldo, la leche de coco y las zanahorias, y llévelo todo a ebullición. Hiérvalo a fuego lento mientras cuece los fideos según las indicaciones del paquete.

> **4** Escurra los fideos e introdúzcalos de nuevo en la cazuela caliente con un poco de aceite de sésamo y aceite vegetal. Tape la cazuela.

> **5** Añada el brócoli a la cacerola y deje que hierva de nuevo. Apague el fuego, agregue los trozos de salmón y remueva. Déjelo reposar 3 minutos.

> **6** Coloque un puñado de fideos en cada cuenco e incorpore la laksa.

Espolvoree la sopa con hojitas de cilantro y sírvala.

sopa de fideos con pollo

para 4-6 personas

ingredientes

- 2 pechugas de pollo sin piel
- 2 litros de agua
- 1 cebolla sin pelar cortada por la mitad
- 1 diente de ajo grande cortado por la mitad
- 1 trozo de jengibre fresco de 1 cm pelado y en rodajas
- 4 granos de pimienta ligeramente machacados
- 4 clavos de olor
- 2 granos de anís estrellado
- 1 tallo de apio picado
- 100 g de mazorcas de maíz baby en rodajas
- 2 cebolletas (cebollas de verdeo) picadas finas
- 125 g de fideos vermicelli de arroz deshidratados
- 1 zanahoria pelada y rallada en tiras grandes
- sal y pimienta

> **1** Introduzca las pechugas y el agua en una cazuela y llévelas a ebullición. Baje el fuego, déjelo hervir a fuego lento y retire toda la espuma de la superficie.

> **2** Agregue la cebolla, el ajo, el jengibre, la pimienta, los clavos, el anís y una pizca de sal.

> **3** Déjelo hervir a fuego lento durante 20 minutos o hasta que el pollo esté tierno y bien cocido.

> **4** Retire el pollo y reserve 1,25 litros de caldo aproximadamente. Incorpore el apio, el maíz y la cebolleta.

> **5** Lleve el caldo a ebullición y hiérvalo hasta que el maíz esté casi tierno. Después, agregue los fideos y déjelo cocer todo 2 minutos.

> **6** Mientras, trocee el pollo, introdúzcalo en la cazuela con la zanahoria y deje que cueza todo en torno a 1 minuto, hasta que el pollo se haya calentado de nuevo y los fideos estén tiernos. Sazónelo al gusto.

Reparta la sopa en cuencos y sírvala.

pato asado con salsa hoisin y sésamo

para 4 personas

ingredientes
2 pechugas de pato de unos 225 g cada una
½ cucharadita de anís estrellado molido
3 cucharadas de salsa hoisin
1 cucharada de aceite de sésamo
1 mango maduro
½ pepino
4 cebolletas (cebollas de verdeo)
1 cucharada de vinagre de arroz
sésamo tostado, para decorar

> **1** Con un cuchillo afilado, haga cortes en forma de rombos en la piel de las pechugas.

> **2** Mezcle el anís, la salsa hoisin y el aceite de sésamo, y unte el pato con la mezcla. Tápelo y déjelo marinar al menos 30 minutos.

Sirva las lonchas de pato sobre una ración de la ensalada de mango y espolvoréelas con el sésamo.

>3 Pele el mango, deshuéselo y córtelo en tiras finas. Corte el pepino en bastoncitos y las cebolletas, en rodajas finas. Remuévalo todo y alíñelo con vinagre.

>4 Precaliente una sartén grill a temperatura alta. Ase el pato de 8 a 10 minutos por cada lado, untándolo con el adobo. Déjelo reposar 5 minutos y córtelo en lonchas.

tempura de verduras
para 4 personas

ingredientes
150 g de harina para tempura
4 setas (hongos) shiitake
4 espárragos trigueros frescos
4 rodajas de boniato (batata)

1 pimiento (morrón) rojo sin
  semillas y en tiras
4 rodajas de cebolla
  separadas en aros
aceite, para freír

para la salsa
2 cucharaditas de mirin
1 cucharada de shoyu
  (salsa de soja japonesa)

una pizca de dashi
  granulado, disuelto
  en 2 cucharadas de
  agua hirviendo

> **1** Para preparar la salsa, mezcle todos los ingredientes en un cuenco pequeño.

> **2** Prepare la tempura con agua de acuerdo con las indicaciones del envase.

> **3** Introduzca las verduras en el rebozado.

> **4** Caliente bastante aceite para freír en un wok, en una freidora o en una cazuela de fondo pesado a 180 o 190 °C, o hasta que un trozo de pan se dore en 30 segundos.

> 5 Saque 2 o 3 piezas de verduras del rebozado, échelas al wok y fríalas 2 o 3 minutos o hasta que el rebozado adquiera un ligero color dorado.

> 6 Retire las verduras con una espumadera y escúrralas sobre papel de cocina. Manténgalas calientes mientras cocina el resto.

Disponga las verduras en una fuente y sírvalas junto con la salsa.

gyozas de cerdo y repollo
para 24 unidades

ingredientes
24 láminas de gyoza
2 cucharadas de agua, para pintar
aceite para freír
2 cucharadas de vinagre de arroz japonés
2 cucharadas de shoyu (salsa de soja japonesa)

para el relleno
100 g de repollo napa picado
2 cebolletas (cebollas de verdeo) picadas finas
125 g de carne picada de cerdo
1 trozo de jengibre fresco de 1 cm picado fino
2 dientes de ajo majados
1 cucharada de shoyu (salsa de soja japonesa)
2 cucharaditas de mirin
una pizca de pimienta blanca
sal al gusto

>1 Para preparar el relleno, mezcle todos los ingredientes en un recipiente.

>2 Colóquese una lámina de gyoza en la palma de la mano y ponga una cucharadita bien colmada de relleno en el centro. Pinte el borde de la lámina con un poco de agua.

>3 Doble la lámina por la mitad y presione los bordes hasta sellarlos. Pinte el borde con un poco más de agua y hágale una serie de pequeños pliegues.

>4 Repita el proceso con las láminas restantes y el relleno. Caliente un poco de aceite en una sartén honda con tapa y añada las gyozas que quepan, dejando un poco de espacio entre ellas.

>5 Déjelas freír 2 minutos o hasta que se doren. Añada agua hasta alcanzar 3 mm de altura, tape la sartén y deje que se cuezan a fuego lento 6 minutos o hasta que estén traslúcidas y hechas. Retírelas y manténgalas calientes mientras fríe las demás gyozas.

>6 Vierta el vinagre en un pequeño cuenco, agréguele el shoyu y un chorrito de agua.

Disponga las gyozas en una fuente y sírvalas junto con la salsa.

bocaditos de gamba

para 16 unidades

ingredientes

100 g de gambas (langostinos) crudas, peladas y desvenadas
2 claras de huevo
2 cucharadas de maicena
½ cucharadita de azúcar
una pizca de sal
2 cucharadas de hojas de cilantro fresco picadas finas
2 rebanadas de pan de molde del día anterior
aceite vegetal o de cacahuete (maní), para freír

>1 Triture las gambas con un mortero hasta obtener una pasta.

>2 Mezcle las gambas con una de las claras de huevo y una cucharada de maicena. Agregue el azúcar, la sal y el cilantro. Aparte, mezcle la otra clara con la maicena restante.

Saque los bocaditos de gamba con una espumadera, escúrralos sobre papel de cocina y sírvalos calientes.

>3 Quite las cortezas al pan y corte cada rebanada en 8 triángulos. Unte la parte superior de cada una con la mezcla de clara y maicena, y añada una cucharadita de la pasta de gambas. Alise la parte superior.

>4 Caliente bastante aceite para freír en un wok, en una freidora o en una cazuela de fondo pesado a 180 o 190 °C, o hasta que un trozo de pan se dore en 30 segundos. Fría los bocaditos durante 2 minutos con el lado de las gambas hacia abajo. Deles la vuelta y fríalos otros 2 minutos hasta que se doren.

brochetas de pollo satay con salsa de cacahuete

para 4 personas

ingredientes
4 pechugas de pollo deshuesadas y sin piel de unos 125 g cada una, en dados de 2 cm
4 cucharadas de salsa de soja
1 cucharada de maicena
2 dientes de ajo picados finos
1 trozo de jengibre fresco de 2,5 cm pelado y picado fino
1 pepino en dados, para acompañar

para la salsa de cacahuete (maní)
2 cucharadas de aceite de cacahuete (maní) o vegetal
½ cebolla picada fina
1 diente de ajo picado fino
4 cucharadas de mantequilla de cacahuete (manteca de maní) con tropezones
4 o 5 cucharadas de agua
½ cucharadita de guindilla (chile) en polvo

> 1 Ponga el pollo en un recipiente poco profundo.

> 2 Mezcle la salsa de soja, la maicena, el ajo y el jengibre en un cuenco pequeño y vierta la mezcla sobre el pollo. Tápelo y déjelo marinar en el frigorífico al menos 2 horas.

> 3 Mientras, ponga 12 palillos de bambú en remojo en agua fría al menos 30 minutos.

> 4 Precaliente el horno. Ensarte los trozos de pollo en los palillos.

>5 Disponga las brochetas sobre una plancha precalentada y cocínelas de 3 a 4 minutos.

>6 Dé la vuelta a las brochetas y cocínelas otros 3 o 4 minutos o hasta que estén bien hechas.

>7 Mientras, para preparar la salsa, caliente el aceite en una cazuela, agregue la cebolla y el ajo, y sofríalos a fuego medio, removiendo con frecuencia, durante 3 o 4 minutos hasta que se ablanden.

>8 Agregue la mantequilla de cacahuete, el agua y la guindilla; cuézalo todo a fuego lento 2 o 3 minutos hasta que se ablande y se diluya.

Sirva las brochetas enseguida con la salsa caliente y el pepino.

wontons de cangrejo
para 4 personas

ingredientes

1 cucharada de aceite de cacahuete (maní) o vegetal, y un poco más para freír
1 trozo de jengibre fresco de 2,5 cm pelado y picado fino
¼ pimiento (morrón) rojo sin semillas y picado fino
1 manojo de cilantro fresco picado
¼ cucharadita de sal
150 g de carne blanca de cangrejo en conserva
20 láminas de wonton
agua, para pintar
salsa de guindilla (chile) dulce, para servir

> **1** Caliente el aceite en un wok precalentado.

> **2** Añada el jengibre y el pimiento rojo, y saltéelos a fuego fuerte durante 30 segundos.

> **3** Incorpore el cilantro y mézclelo bien. Deje que se enfríe; después, agregue la sal y el cangrejo, y remueva bien. Mientras, saque las láminas del paquete, apílelas y cúbralas con film transparente para evitar que se sequen.

> **4** Coloque una lámina sobre una tabla y pinte los bordes con agua. Ponga una cucharadita de la mezcla de cangrejo en el centro de la lámina y dóblela hasta formar un triángulo.

> **5** Presione los bordes para sellarlos. Doble cada esquina hacia la esquina superior para formar un paquetito y pinte los bordes con agua si fuera necesario. Repita el proceso con las láminas restantes y la mezcla de cangrejo.

> **6** Caliente el aceite para freír en un wok, en una freidora o en una cazuela de fondo pesado a 180 o 190 °C, o hasta que un trozo de pan se dore en 30 segundos.

> **7** En tandas, fría los wontons de 45 segundos a 1 minuto hasta que estén crujientes y dorados.

> **8** Sáquelos con una espumadera, escúrralos sobre papel de cocina y consérvelos calientes mientras va friendo el resto.

Sírvalos con la salsa de guindilla dulce.

wraps de verduras al estilo vietnamita

para 4 personas

ingredientes
2 zanahorias medianas
2 tallos de apio
1 cucharada de vinagre de arroz
½ cucharadita de sal
2 cebolletas (cebollas de verdeo)
125 g de brotes de soja
1 manojo pequeño de hojas de cilantro picadas
1 manojo pequeño de hojas de menta picadas
1 manojo pequeño de hojas de albahaca picadas
8 hojas de cogollos (atados) de lechuga

para el aliño
2 dientes de ajo picados
1 guindilla roja (chile) sin semillas y picada
1 cucharada de azúcar de palma
2 cucharadas de zumo (jugo) de lima
2 cucharadas de caldo de pescado

 1 Corte las zanahorias y el apio en bastoncitos. Rocíelos con vinagre y sal, y déjelos reposar 30 minutos. Escúrralos.

 2 Pique muy finas las cebolletas y mézclelas con las zanahorias, el apio, los brotes de soja y las hierbas.

Disponga los wraps en una fuente y sírvalos con el aliño restante.

>3 Para preparar el aliño, triture el ajo, la guindilla y el azúcar de palma con un mortero. Después, agregue el zumo, el caldo y 2 cucharadas de agua.

>4 Reparta las verduras entre las hojas de lechuga y rocíe cada hoja con una cucharadita del aliño.

rollitos de primavera

para 20-25 unidades

ingredientes

6 setas (hongos) chinas deshidratadas, ablandadas en agua caliente durante 20 minutos
1 cucharada de aceite de cacahuete (maní) o vegetal, y un poco más para freír
225 g de carne picada de cerdo
1 cucharadita de salsa de soja oscura
100 g de brotes de bambú en conserva, lavados y cortados en juliana
una pizca de sal
100 g de gambas (langostinos) crudas peladas, desvenadas y picadas
225 g de brotes de soja cortados en trozos grandes
1 cucharada de cebolleta (cebolla de verdeo) picada fina
20-25 láminas para rollitos
1 clara de huevo ligeramente batida

>1 Escurra el exceso de agua de las setas y córtelas en rodajas finas, desechando los pies duros.

>2 Caliente el aceite en un wok o sartén honda calentados previamente, y saltee el cerdo hasta que cambie de color.

>3 Agregue la salsa de soja, el bambú, las setas y una pizca de sal. Rehóguelo a fuego fuerte 3 minutos.

>4 Incorpore las gambas y fríalo todo 2 minutos; después, agregue la soja y rehóguelo 1 minuto más. Retire el wok del fuego y agregue la cebolleta. Déjelo enfriar.

> **5** Ponga una cucharada de la mezcla en la parte inferior de una lámina. Enróllela una vez para asegurar el relleno, doble los laterales para obtener una pieza de 10 cm y siga enrollando. Selle la lámina con clara de huevo.

> **6** Caliente aceite para freír en un wok, en una freidora o en una cazuela de fondo pesado a 180 o 190 °C, o hasta que un trozo de pan se dore en 30 segundos. Fría los rollitos unos 5 minutos hasta que se doren y estén crujientes.

Disponga los rollitos de primavera en cuencos y sírvalos.

sashimi

para 2 personas

ingredientes
1 caballa fresca limpia y
  cortada en filetes
90 ml de vinagre de arroz
3 vieiras crudas con su valva
150 g de atún fresco para sushi
  (maguro)
150 g de salmón fresco para
  sushi (sake)

para decorar
daikon picado
cebollino (ciboulette) fresco
jengibre en rodajas finas
pasta de wasabi
shoyu (salsa de soja japonesa),
  para servir

> **1** Coloque los filetes de caballa y el vinagre de arroz en una fuente llana que no sea metálica, cúbralos con film transparente y déjelos marinar en el frigorífico 1 hora.

> **2** Retire la caballa del adobo y séquela con papel de cocina. Quítele la piel y corte la carne en diagonal.

> **3** Extraiga las vieiras de sus valvas. Raspe los restos de coral del molusco, retire y deseche las barbas blancas, la sustancia negra y la membrana que rodea el borde de las vieiras. Corte cada vieira longitudinalmente por la mitad.

> **4** Disponga las vieiras en una fuente refractaria y cúbralas con agua hirviendo. Retírelas de inmediato con una espumadera y séquelas con papel de cocina.

> **5** Corte el atún y el salmón en rectángulos, y después en lonchas rectangulares más finas

> **6** Disponga todo el pescado en una fuente con el daikon picado.

Decore con el cebollino y sirva con el jengibre, el wasabi y el shoyu.

alitas de pollo con jengibre y soja
para 4 personas

ingredientes
12 alitas de pollo
2 dientes de ajo majados
1 trozo de jengibre fresco de
   2,5 cm
2 cucharadas de salsa de soja
   oscura
2 cucharadas de zumo (jugo)
   de lima
1 cucharada de miel clara
1 cucharadita de salsa de
   guindilla (chile)
2 cucharaditas de aceite de
   sésamo
gajos de lima, para servir

 Introduzca el extremo en punta de cada ala bajo la parte más gruesa para obtener un triángulo.

 Mezcle el ajo, el jengibre, la salsa de soja, la lima, la miel, la salsa de guindilla y el aceite.

Sirva las alitas calientes con gajos de lima.

> **3** Rocíe las alitas con esta mezcla y deles la vuelta para que se impregnen bien. Tápelas y déjelas marinar varias horas o toda la noche.

> **4** Precaliente una sartén grill a temperatura alta. Fórrela con papel de aluminio y cocine las alas durante 12 o 15 minutos o hasta que el jugo al pincharlas deje de ser rosado, rociándolas con el adobo.

tallarines y arroz

>4   >5   >6

sushi servido en cuencos con caballa ahumada

para 24 unidades

ingredientes
8 tirabeques
1 trozo de daikon de 5 cm
ralladura fina y zumo de
  1 limón

2 cebolletas (cebollas de
  verdeo) picadas finas
2 caballas ahumadas sin piel y
  cortadas en tiras diagonales
½ pepino sin piel y en rodajas
sal

para la guarnición
jengibre encurtido
tiras de nori tostado
pasta de wasabi

arroz para sushi
215 g de arroz de grano corto
350 ml de agua

>1 Ponga el arroz en un colador y enjuáguelo con agua fría hasta que salga clara. Después, escúrralo.

>2 Eche el arroz en una cazuela con agua, tápela y llévelo a ebullición lo más rápido posible. Baje el fuego y déjelo cocer a fuego lento 10 minutos. Apague el fuego y déjelo reposar 15 minutos.

>3 Disponga el arroz en un cuenco y añada la sal.

>4 Cueza los tirabeques en un cazo con agua salada hirviendo durante 1 minuto. Escúrralos y déjelos enfriar.

> **5** Con un cuchillo afilado, corte el daikon en rodajas largas y delgadas, y después en tiras lo más finas que pueda.

> **6** Mezcle el arroz con la cáscara y el zumo de limón.

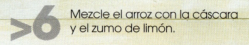

> **7** Reparta el arroz cocido en cuencos individuales y esparza la cebolleta por encima.

> **8** Disponga la caballa, el pepino, los tirabeques y el daikon encima del arroz.

Adorne con jengibre encurtido, tiras de nori y pasta de wasabi, y sírvalo.

salteado de fideos udon con pasta de pescado y jengibre

para 2 personas

ingredientes
2 paquetes de 150 g
 de fideos udon para wok
1 puerro troceado
200 g de brotes de soja
8 setas (hongos) shiitake en
 láminas finas

2 trozos de pasta de pescado
 japonesa en láminas
12 gambas (langostinos)
 crudas, peladas y desvenadas
2 huevos batidos
aceite para saltear

2 cucharadas de shoyu
 (salsa de soja japonesa)
3 cucharadas de mirin
2 cucharadas de hojas de
 cilantro fresco picadas

para servir
aceite de guindilla (chile)
2 cebolletas (cebollas de
 verdeo) picadas finas
2 cucharadas de beni-shoga
 (jengibre rojo) en tiras

> 1 Enjuague los fideos con agua fría para eliminar el aceite que puedan tener y póngalos en un cuenco.

> 2 Agregue el puerro, la soja, las setas, la pasta de pescado, las gambas y los huevos a los fideos, y mézclelo todo bien.

> 3 Caliente el wok a fuego vivo. Añada un poco de aceite y caliéntelo.

> 4 Incorpore la mezcla de fideos y saltéela hasta que se dore, y las gambas hayan adquirido un color rosado y estén bien hechas.

>5 Añada el shoyu, el mirin y el cilantro, y remueva.

>6 Reparta los fideos en cuencos individuales y rocíelos con el aceite de guindilla.

Esparza por encima la cebolleta y el beni-shoga, y sírvalo.

yaki soba

para 2 personas

ingredientes
400 g de fideos ramen
1 cebolla picada fina
200 g de brotes de soja
1 pimiento (morrón) en tiras
150 g de pollo cocido y cortado en tiras
12 gambas (langostinos) cocidas y peladas
1 cucharada de aceite
2 cucharadas de shoyu
½ cucharada de mirin
1 cucharadita de aceite de sésamo
1 cucharadita de sésamo
2 cebolletas (cebollas de verdeo) picadas finas

> **1** Cueza los fideos según las indicaciones del envase, escúrralos bien e introdúzcalos en un recipiente.

> **2** Mezcle la cebolla, la soja, el pimiento rojo, el pollo y las gambas en un cuenco. Añádaselo a los fideos. Mientras, caliente un wok a fuego vivo, agregue el aceite y caliéntelo hasta alcanzar una temperatura alta.

Espolvoréelos con el sésamo y la cebolleta, y sírvalos.

>3 Agregue los fideos y saltéelos 4 minutos o hasta que se doren; luego, agregue el shoyu y el aceite de sésamo, y remueva.

>4 Reparta los fideos en cuencos individuales.

rollitos de cangrejo, espárragos y shiitake con salsa ponzu

para 24 unidades

ingredientes
- 6 espárragos trigueros frescos
- 1 cucharada de aceite
- 6 setas (hongos) shiitake en láminas
- 1 porción de arroz para sushi (véase pág. 68)
- pasta de wasabi
- 6 palitos de cangrejo cortados por la mitad en sentido longitudinal

para la salsa ponzu
- 3 cucharadas de mirin
- 2 cucharadas de vinagre de arroz japonés
- 1 cucharada de usukuchi shoyu (salsa de soja clara japonesa)
- 2 cucharadas de virutas de pescado
- 4 cucharadas de zumo (jugo) de limón

> **1** Para preparar la salsa, disponga todos los ingredientes en un cazo y llévelos a ebullición. Apague el fuego y déjelo enfriar.

> **2** Llene una cazuela con agua y llévela a ebullición. Añada los espárragos y hiérvalos a fuego lento hasta que estén tiernos.

> **3** Corte los espárragos en trozos de 9 cm y déjelos enfriar.

> **4** Mientras, caliente el aceite en una sartén y fría las setas a fuego medio 5 minutos o hasta que estén tiernas.

>5 Divida el arroz en 6 porciones iguales. Coloque una hoja de nori con la parte brillante hacia abajo sobre una esterilla para preparar sushi, con el lado más largo hacia usted. Con las manos húmedas, extienda sobre el nori una porción de arroz en una capa uniforme; deje 2 cm de nori visible en el borde superior.

>6 Extienda una pequeña cantidad de wasabi sobre el arroz en el extremo inferior. Coloque encima un espárrago y añada 2 trozos de cangrejo. Agregue una capa de setas laminadas.

>7 Enrolle la esterilla, comenzando en el extremo donde se hallan los ingredientes y envolviéndolos con la hoja de nori. Siga enrollando, levantando la esterilla y prensando de forma suave pero constante hasta que termine de enrollar. Pinte el borde superior del nori con agua para sellar el rollo de sushi.

>8 Saque el rollo de la esterilla y córtelo en 4 trozos iguales con un cuchillo húmedo muy afilado.

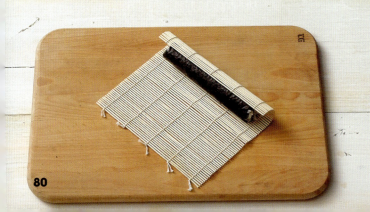

Repita el proceso con los demás ingredientes y sirva los rollitos con la salsa ponzu.

fideos con sésamo y gambas
para 2 personas

ingredientes
1 cucharada de aceite
16 gambas (langostinos) crudas peladas y desvenadas
3 setas (hongos) shiitake en láminas finas
¼ repollo blanco o verde picado
1 zanahoria rallada
2 manojos de fideos somen
6 hojas de shiso picadas

para el aliño
3 cucharadas de aceite
1 cucharada de sésamo tostado
½ taza de vinagre de arroz japonés
1 cucharada de azúcar
1 cucharada de usukuchi shoyu (salsa de soja clara japonesa)
sal al gusto

>1 Para preparar el aliño, mezcle 3 cucharadas de aceite y el resto de ingredientes en un cuenco no metálico.

>2 Caliente una cucharada de aceite.

>3 Incorpore las gambas y rehóguelas hasta que adquieran un color rosado.

>4 Incorpore las setas y saltéelas 1 minuto. Después, agregue el repollo y la zanahoria. Retírelo del fuego y deje que se enfríe.

>5 Cueza los fideos según las indicaciones del envase y escúrralos.

>6 Disponga los fideos en un cuenco, añádales el rehogado de gambas y el aliño, y mézclelo bien.

Esparza por encima las hojas de shiso y sírvalos.

pho bo de ternera

para 4 personas

ingredientes
2 litros de caldo de carne enriquecido
1 cucharada de jengibre fresco picado fino
1 diente de ajo fileteado fino
250 g de fideos de arroz planos deshidratados
400 g de filetes de cadera (nalga) o solomillo cortados en tiras finas
4 cebolletas (cebollas de verdeo) picadas finas
125 g de brotes de soja
2 cucharadas de caldo de pescado
3 cucharadas de cilantro picado
guindillas (chile) rojas picadas y salsa de soja, para servir

 Caliente el caldo de carne con el jengibre y el ajo hasta que hierva, retírelo del fuego y déjelo reposar 10 minutos.

 Cueza los fideos de arroz en agua hirviendo 3 o 4 minutos hasta que estén tiernos. Escúrralos y repártalos en cuencos individuales hondos.

Sirva la sopa de fideos enseguida, acompañada de las guindillas y la salsa de soja.

>3 Coloque encima las tiras de carne y la cebolleta, y vierta el caldo hirviendo colado.

>4 Agregue la soja, el caldo de pescado y el cilantro.

arroz aromático con hierba de limón y jengibre

para 4 personas

ingredientes

- 225 g de arroz jazmín
- 25 g de mantequilla (manteca)
- 1 trozo de jengibre fresco de 2,5 cm rallado
- 250 ml de leche de coco
- 250 ml de agua
- ½ cucharadita de sal
- ½ cucharadita de azúcar extrafino
- 1 tallo de hierba de limón (lemongrás) majado
- 2 hojas secas de lima kaffir
- virutas de coco fresco o seco tostado, para decorar

> **1** Ponga el arroz a remojo en agua fría 1 hora. Escúrralo bien.

> **2** Derrita la mantequilla en una cazuela y rehogue el arroz a fuego vivo durante 1 minuto, sin dejar de removerlo, hasta que los granos estén brillantes.

> **3** Agregue el jengibre y remuévalo 30 segundos o hasta que se dore.

> **4** Incorpore la leche de coco y el agua, llévelo a ebullición y añada la sal y el azúcar.

>5 Baje el fuego y añada la hierba de limón y las hojas de lima. Tápelo y déjelo cocer a fuego lento 10 minutos.

>6 Remueva el arroz; después, coloque un paño de cocina sobre la cazuela en lugar de la tapa y déjelo durante 10 minutos a fuego muy lento.

Decore el arroz con las virutas de coco y sírvalo como guarnición.

pato ahumado al té con arroz jazmín

para 4 personas

ingredientes

4 pechugas de pato de aproximadamente 175 g cada una
2 cucharaditas de sal marina
1 cucharada de granos de pimienta de Sichuan machacados
2 granos de anís estrellado
50 g de hojas de té negro
50 g de arroz
1 cucharada de azúcar mascabado (de caña) oscuro
300 g de arroz de jazmín
2 cucharadas de hojas de cilantro picadas
4 cebolletas (cebollas de verdeo) picadas finas en diagonal

>1 Con un cuchillo afilado, realice cortes en forma de rombos en la piel de las pechugas.

>2 Mezcle la sal y la pimienta, y espolvoréelas sobre las pechugas. Tápelas y déjelas reposar 1 hora.

>3 Muela el anís, el té, el arroz y el azúcar con un molinillo o con una picadora. Cubra un wok con papel de aluminio y esparza la mezcla sobre él.

>4 Coloque una rejilla sobre el papel de aluminio y disponga las pechugas encima, con el lado de la piel hacia abajo. Tápelas y cierre el papel de aluminio.

>5 Ponga las pechugas a fuego medio y, cuando el té comience a ahumar, baje el fuego y déjelas de 10 a 12 minutos si le gustan poco hechas, o bien 14 o 15 minutos si las prefiere más hechas.

>6 Mientras, cueza el arroz jazmín en agua hirviendo con un poco de sal durante 10 minutos. Escúrralo bien e incorpore el cilantro.

Corte el pato en lonchas y sírvalo
con el arroz y la cebolleta picada.

arroz frito con huevo

para 4 personas

ingredientes
2 cucharadas de aceite de cacahuete (maní) o vegetal
350 g de arroz cocido ya frío
1 huevo bien batido

 Caliente el aceite en un wok precalentado y saltee el arroz 1 minuto.

 Con un tenedor, separe los granos de arroz cuanto sea posible.

Reparta el arroz en cuencos y sírvalo.

>3 Agregue el huevo enseguida y remuévalo hasta que cubra todos los granos de arroz.

>4 Continúe removiéndolo hasta que el huevo esté cuajado y los granos de arroz queden sueltos.

tallarines pad con tiras de cerdo y gambas

para 4 personas

ingredientes

- 250 g de tallarines de arroz planos
- 200 g de solomillo de cerdo
- 3 cucharadas de aceite de cacahuete (maní)
- 2 chalotas (echalotes) picadas finas
- 2 dientes de ajo picados finos
- 175 g de gambas (langostinos) crudas peladas y desvenadas
- 2 huevos batidos
- 2 cucharadas de caldo de pescado tailandés
- zumo (jugo) de 1 lima
- 1 cucharada de ketchup
- 2 cucharaditas de azúcar mascabado (de caña) claro
- ½ cucharadita de guindilla (chile) deshidratada
- 100 g de brotes de soja
- 4 cucharadas de cacahuetes (maníes) tostados picados
- 6 cebolletas (cebollas de verdeo) picadas finas en diagonal

> **1** Ponga los tallarines en remojo en agua caliente durante 10 minutos o prepárelos como se indique en el envase. Escúrralos bien.

> **2** Corte el cerdo en tiras de unos 5 mm de grosor.

> **3** Caliente el aceite en un wok y saltee las chalotas 1 o 2 minutos para que se ablanden.

> **4** Añada las tiras de carne y saltéelas 2 o 3 minutos.

>5 Añada el ajo y las gambas, y saltéelo todo 1 o 2 minutos.

>6 Incorpore los huevos y rehóguelo todo unos segundos hasta que cuajen un poco.

>7 Baje el fuego y agregue los tallarines, el caldo de pescado, el zumo de lima, el ketchup y el azúcar. Mézclelo y deje que se cueza.

>8 Esparza por encima la guindilla, los brotes de soja, los cacahuetes y la cebolleta.

Reparta los tallarines en cuencos y sírvalos.

tallarines ho fun con tiras de ternera

para 4 personas

ingredientes

300 g de filetes de cadera (nalga) o solomillo de ternera
2 cucharadas de salsa de soja
2 cucharadas de aceite de sésamo
250 g de tallarines de arroz planos
2 cucharadas de aceite de cacahuete (maní)
1 cebolla cortada en gajos finos
2 dientes de ajo majados
1 trozo de jengibre fresco de 2,5 cm picado
1 guindilla (chile) roja en rodajas finas
200 g de brotes de brócoli
½ col china picada
aceite de guindilla (chile), para servir

> **1** Corte la carne en tiras finas, colóquelas en un cuenco y rocíelas con la salsa de soja y el aceite de sésamo. Tápelas y déjelas reposar 15 minutos.

> **2** Ponga los tallarines en remojo en agua caliente durante 10 minutos o prepárelos como se indique en el envase. Escúrralos bien.

> **3** Caliente una cucharada de aceite de cacahuete en un wok y saltee la carne a fuego vivo hasta que adquiera un color uniforme. Retírela y resérvela.

> **4** Añada el aceite restante y saltee a cebolla, el ajo, el jengibre y la guindilla durante 1 minuto.

>5 Agregue el brócoli y saltéelo 2 minutos; después, incorpore el repollo y saltéelo 1 minuto.

>6 Añada la carne con el adobo, remuévala hasta que esté bien caliente y repártalo todo sobre los tallarines.

Sírvalos enseguida aliñados con aceite de guindilla.

arroz frito con pollo

para 4 personas

ingredientes
½ cucharada de aceite de sésamo
6 chalotas (echalotes) peladas y cortadas en cuartos
450 g de pollo hervido en dados
3 cucharadas de salsa de soja
2 zanahorias en dados
1 tallo de apio en dados
1 pimiento (morrón) en dados
175 g de guisantes (chícharos) frescos
100 g de maíz en conserva escurrido
275 g de arroz de grano largo hervido
2 huevos grandes

>1 Caliente el aceite a fuego medio en un wok o en una sartén grande precalentados.

>2 Agregue las chalotas y fríalas hasta que se ablanden; luego, incorpore el pollo y 2 cucharadas de salsa de soja, y saltéelo 5 o 6 minutos.

Reparta el arroz en cuencos y sírvalo enseguida.

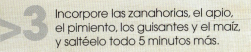

> 3 Incorpore las zanahorias, el apio, el pimiento, los guisantes y el maíz, y saltéelo todo 5 minutos más.

> 4 Añada el arroz y remuévalo bien. Por último, bata los huevos y viértalos sobre la mezcla. Remueva hasta que los huevos comiencen a cuajar, y agregue la salsa de soja restante.

fideos al huevo con tofu y setas
para 4 personas

ingredientes

3 cucharadas de aceite de cacahuete (maní)
2 guindillas (chiles) rojas deshidratadas

250 g de fideos al huevo medianos
1 diente de ajo majado
200 g de tofu consistente en dados de 1 cm

200 g de setas (hongos) de ostra o champiñones en láminas
2 cucharadas de zumo (jugo) de lima

2 cucharadas de salsa de soja
1 cucharadita de azúcar moreno (negro)
guindillas (chiles) rojas frescas, para decorar

> **1** Caliente el aceite en un wok y añada las guindillas. Fríalas a fuego vivo 10 minutos. Deséchelas una vez fritas.

> **2** Hierva los fideos en agua caliente durante 4 minutos o prepárelos como se indique en el envase. Escúrralos.

> **3** Agregue el ajo y el tofu al wok, y saltéelos a fuego fuerte hasta que se doren. Retírelos con una espumadera y consérvelos calientes.

> **4** Incorpore las setas al wok y saltéelas 2 o 3 minutos para ablandarlas.

Agregue el zumo de lima, la salsa de soja y el azúcar.

 Vuelva a introducir los fideos y el tofu en el wok y mézclelos bien.

Sírvalos enseguida y decórelos con las guindillas frescas.

ensalada tailandesa de fideos

para 4 personas

ingredientes

200 g de fideos de arroz finos
2 cucharadas de aceite de cacahuete (maní)
1 cebolla roja en rodajas finas
2 zanahorias en tiras finas
125 g de maíz baby cortado longitudinalmente por la mitad
1 diente de ajo majado
150 g de brotes de soja
2 cucharadas de caldo de pescado
zumo (jugo) de ½ lima
1 cucharadita de azúcar extrafino
½ cucharadita de guindilla (chile) deshidratada
4 cucharadas de cilantro picado
4 cebolletas (cebollas de verdeo) picadas finas
40 g de cacahuetes (maníes) tostados
gajos de lima, para servir

> **1** Ponga los fideos en remojo en agua caliente durante 10 minutos o prepárelos como se indique en el envase. Escúrralos bien.

> **2** Caliente el aceite en un wok y saltee la cebolla 1 minuto.

> **3** Añada la zanahoria y el maíz, y saltéelo todo 2 o 3 minutos. Incorpore el ajo y retire el wok del fuego.

> **4** Agregue la soja. Después, dispóngalo todo en un cuenco, añada los fideos y mézclelo bien.

> **5** Mezcle el caldo de pescado, el zumo de lima, el azúcar, la guindilla y la mitad del cilantro.

> **6** Reparta la ensalada en cuencos y disponga por encima la cebolleta, los cacahuetes y el cilantro restante.

Sirva la ensalada templada con gajos de lima.

fideos con pak choi en salsa de ostras

para 4 personas

ingredientes

aceite de cacahuete (maní), para freír
100 g de fideos vermicelli de arroz deshidratados
1 cucharada de azúcar de palma o azúcar mascabado (de caña) triturado
1 cucharada de vinagre de arroz
1 cucharada de caldo de pescado
1 cucharada de zumo (jugo) de lima
6 cebolletas (cebollas de verdeo) picadas
1 diente de ajo fileteado fino
350 g de pak choi pequeño cortado en cuartos longitudinalmente
3 cucharadas de salsa de ostras
sésamo, para decorar

> **1** Caliente una cazuela honda con aceite hasta que un trozo de tallarín chisporrotee. Agregue los fideos y fríalos en tandas durante 15 o 20 segundos hasta que se hinchen y se doren. Escúrralos sobre papel de cocina.

> **2** Caliente el azúcar, el vinagre, el caldo de pescado y el zumo de lima en un cazo hasta que se disuelva el azúcar. Hiérvalo todo 20 o 30 segundos hasta que espese.

Sirva el plato enseguida, decorado con sésamo.

>3 Caliente 2 cucharadas de aceite en un wok y saltee la cebolleta y el ajo durante 1 minuto. Añada el pak choi y saltéelo 2 o 3 minutos. Incorpore la salsa de ostras.

>4 Mezcle los fideos con el sirope de azúcar y sírvalos con el pak choi.

platos principales

>4 >5 >6

gado gado
para 4 personas

ingredientes
2 chalotas (echalotes) picadas finas
2 dientes de ajo majados
3 cucharadas de aceite de cacahuete (maní)
1 guindilla (chile) roja picada
zumo (jugo) de 2 limas
225 g de mantequilla de cacahuete (manteca de maní) con tropezones
250 ml de leche de coco
200 g de judías (porotos) verdes
½ pepino
1 pimiento (morrón) rojo
250 g de tempeh o tofu consistente en dados
200 g de brotes de soja
2 cogollos (atados) de lechuga troceados
2 huevos duros cortados en cuartos
cilantro picado, para decorar

Fría las chalotas y el ajo en una cucharada de aceite durante 2 o 3 minutos, hasta que se ablanden, sin que se doren.

Incorpore la guindilla, el zumo de lima, la mantequilla de cacahuete y la leche de coco, y remuévalo todo a fuego medio durante 2 o 3 minutos. Déjelo enfriar.

 Corte las judías en trocitos y escáldelas en agua hirviendo durante 2 minutos. Escúrralas y enjuáguelas con agua fría.

Parta el pepino por la mitad longitudinalmente y córtelo en rodajas en diagonal. Quítele las semillas al pimiento y córtelo en tiras finas.

>5 Caliente el aceite restante en una sartén y fría el tempeh hasta que se dore por todos los lados. Escúrralo sobre papel de cocina.

>6 Mezcle las judías, el pepino, el pimiento rojo, la soja y la lechuga, y pase la mezcla a una fuente grande.

>7 Disponga el tempeh frito y los huevos sobre la ensalada.

>8 Aderece la ensalada con el aliño y esparza por encima el cilantro picado.

Sírvala enseguida.

curry de marisco

para 4 personas

ingredientes

2 guindillas (chiles) rojas deshidratadas
2 cucharaditas de semillas de cilantro
1 cucharadita de semillas de comino
2 vainas de cardamomo
1 cucharadita de semillas de fenogreco
1 cucharadita de granos de pimienta
1 cucharadita de cúrcuma
1 cucharadita de sal
500 g de filetes de pescado variados, por ejemplo, atún, bacalao, caballa
3 cucharadas de aceite de cacahuete (maní)
1 cebolla grande picada
2 dientes de ajo majados
1 trozo de jengibre fresco de 2,5 cm picado fino
400 ml de leche de coco envasada
400 g de tomates pera triturados en conserva
175 g de gambas (langostinos) crudas peladas y desvenadas
cilantro fresco picado, para decorar

>1 Disponga las guindillas, el cilantro, el comino, el cardamomo, el fenogreco y la pimienta en una cazo de fondo pesado y rehóguelo todo a fuego vivo durante 1 minuto.

>2 Triture las especias con un mortero y agregue la cúrcuma y sal.

>3 Corte el pescado en trozos de 5 cm y sazónelo con la mitad de las especias. Cúbralo y resérvelo.

>4 Caliente la mitad del aceite en una cazuela y fría la cebolla 10 minutos hasta que se ablande y se dore.

>5 Añada el ajo, el jengibre y el resto de especias, y rehóguelos 1 minuto.

>6 Prepare la leche de coco con agua hasta obtener 500 ml e incorpórela a la cazuela con los tomates. Tápelo y déjelo cocinar a fuego lento 15 minutos.

>7 Caliente el resto del aceite en una sartén y fría el pescado hasta que se dore un poco.

>8 Agregue el pescado y las gambas a la salsa y déjelo cocinar a fuego lento de 5 a 6 minutos.

Sirva el curry enseguida decorado con el cilantro picado.

pollo al curry verde

para 4 personas

ingredientes

2 cucharadas de aceite de cacahuete (maní) o vegetal
4 cebolletas (cebollas de verdeo) picadas gruesas
2 cucharadas de pasta de curry verde
700 ml de leche de coco envasada
1 cubito de caldo de pollo
6 pechugas de pollo sin piel en dados de 2,5 cm
1 manojo grande de cilantro fresco picado
1 cucharadita de sal
arroz hervido, para servir

> **1** Caliente el aceite en un wok precalentado, añada la cebolleta y saltéela a fuego medio-fuerte 30 segundos o hasta que empiece a ablandarse.

> **2** Agregue la pasta de curry, la leche de coco y el cubito de caldo, y llévelo a ebullición, removiendo de vez en cuando.

Sírvalo enseguida con arroz.

>3 Incorpore el pollo, la mitad del cilantro y la sal, y remueva. Baje el fuego y déjelo hervir a fuego lento de 8 a 10 minutos hasta que el pollo esté hecho y tierno.

>4 Añada el cilantro restante.

pollo teriyaki
para 4 personas

ingredientes
4 pechugas de pollo deshuesadas de unos 175 g cada una, con o sin piel

4 cucharadas de salsa teriyaki
aceite de cacahuete (maní) o de maíz, para barnizar

para los fideos de sésamo
250 g de fideos de trigo sarraceno finos secos
1 cucharada de aceite de sésamo tostado

2 cucharadas de sésamo tostado
2 cucharadas de perejil fresco picado fino
sal y pimienta

>1 Haga 3 cortes diagonales en cada pechuga con un cuchillo afilado. Vierta por encima la salsa teriyaki. Déjelas macerar en el frigorífico durante al menos 10 minutos y hasta 24 horas.

>2 Precaliente la plancha a temperatura alta. Lleve a ebullición un cazo de agua, añada los fideos y cuézalos según las indicaciones del envase. Escúrralos y enjuáguelos bien con agua fría.

>3 Engrase la plancha con un poco de aceite. Coloque las pechugas con la piel hacia arriba y úntelas con un poco más de salsa teriyaki.

>4 Ase las pechugas a la plancha, untándolas con salsa teriyaki de vez en cuando, durante 15 minutos o hasta que estén hechas y el jugo que desprendan al pincharlas sea claro

>5 Mientras, caliente un wok a fuego fuerte. Agregue el aceite de sésamo y caliéntelo hasta que brille.

>6 Incorpore los fideos y saltéelos hasta que se calienten. Después, añada el sésamo y el perejil. Salpimiéntelo al gusto.

Sirva las pechugas en platos individuales con guarnición de fideos.

pollo con anacardos

para 4-6 personas

ingredientes

450 g de pollo deshuesado cortado en trozos pequeños
3 cucharadas de salsa de soja clara
1 cucharadita de vino de arroz Shaoxing
una pizca de azúcar
½ cucharadita de sal
3 setas (hongos) chinas deshidratadas, remojadas en agua caliente durante 20 minutos
2 cucharadas de aceite de cacahuete (maní) o vegetal
4 rodajas de jengibre fresco
1 cucharadita de ajo picado fino
1 pimiento (morrón) rojo sin semillas cortado en cuadrados de 2,5 cm
85 g de anacardos (castañas de Cajú) tostados

> 1 Macere el pollo en 2 cucharadas de salsa de soja, el vino, azúcar y sal durante al menos 20 minutos.

> 2 Escurra el exceso de agua de las setas y córtelas en rodajas finas, desechando los pies duros. Reserve el agua.

> 3 En un wok precalentado, caliente una cucharada de aceite. Agregue el jengibre y saltéelo hasta que suelte el aroma. Añada el pollo y fríalo 2 minutos hasta que se dore. Antes de que se cocine del todo, retírelo y resérvelo.

> 4 Limpie el wok, caliente el aceite restante y saltee el ajo hasta que suelte su aroma. Añada las setas y el pimiento, y rehóguelos 1 minuto.

>5 Agregue 2 cucharadas del agua de las setas y rehóguelo unos 2 minutos hasta que el agua se haya evaporado.

>6 Vuelva a incorporar el pollo y añada la salsa de soja restante y los anacardos. Rehóguelo todo 2 minutos hasta que el pollo esté hecho.

Sirva el pollo en cuencos individuales.

pato pequinés
para 6-10 personas

ingredientes
1 pato de 2 kg
1,5 litros de agua hirviendo
1 cucharada de miel
1 cucharada de vino de arroz Shaoxing
1 cucharadita de vinagre de arroz blanco
10 cebolletas (cebollas de verdeo)
1 pepino pelado, sin semillas y cortado en juliana
30 creps finas
salsa de ciruela o hoisin, para servir

>1 Para preparar el pato, masajee la piel a fin de separarla de la carne. Vierta el agua hirviendo en una cazuela, añada la miel, el vino y el vinagre e introduzca el pato. Cuézalo durante 1 minuto. Retírelo y cuélguelo a secar durante 2 horas o bien toda la noche.

>2 Precaliente el horno a 200 °C. Disponga el pato sobre una fuente para horno y áselo durante al menos 1 hora hasta que la piel esté muy crujiente y el pato bien hecho.

Enrolle las creps y repita el proceso con el magro.

 >3 Corte en juliana la parte blanca de las cebolletas. Coloque el pato sobre una tabla de picar, junto con el pepino, la cebolleta y las creps, y retírele primero la piel.

>4 Coloque un trocito de piel de pato y algo de pepino y cebolleta sobre una crep. Cúbralo con un poco de salsa de ciruela.

cerdo al jengibre con setas shiitake

para 4 personas

ingredientes

- 2 cucharadas de aceite vegetal
- 3 chalotas (echalotes) picadas finas
- 2 dientes de ajo majados
- 2 trozos de jengibre fresco de 2,5 cm picados finos
- 500 g de tiras de carne de cerdo para saltear
- 250 g de setas (hongos) shiitake en láminas
- 4 cucharadas de salsa de soja
- 4 cucharadas de vino de arroz
- 1 cucharadita de azúcar mascabado (de caña) claro
- 1 cucharadita de maicena
- 2 cucharadas de agua fría
- 3 cucharadas de cilantro fresco picado, para decorar

> **1** Caliente el aceite en un wok y rehogue las chalotas 2 o 3 minutos, hasta que se ablanden.

> **2** Agregue el ajo y el jengibre, y saltéelos 1 minuto.

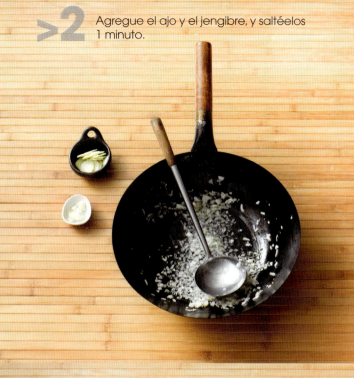

> **3** Incorpore el cerdo y saltéelo 1 minuto.

> **4** Añada las setas y siga salteándolo todo 2 o 3 minutos.

>5 Incorpore la salsa de soja, el vino de arroz y el azúcar.

>6 Mezcle la maicena con agua hasta que se disuelvan los grumos, viértala en el wok y prosiga con la cocción hasta que la salsa se espese y aclare.

Sirva el salteado decorado con cilantro.

tofu frito con hierba de limón

para 6 personas

ingredientes

3 cucharadas de caldo de pescado
3 cucharadas de zumo (jugo) de lima o limón recién exprimido
3 cucharadas de azúcar de palma o granulado
1 tallo de hierba de limón (lemongrás)
aceite vegetal, para freír
1 chalota (echalote) grande picada fina
1 diente de ajo grande picado fino
1 guindilla tailandesa sin semillas y picada fina
900 g de tofu muy consistente, escurrido y cortado en diagonal en rectángulos de 1 cm de grosor
6 brotes de cilantro fresco cortados, para decorar

>1 Vierta el caldo de pescado, el zumo de lima y el azúcar en un cuenco no metálico, y remueva hasta disolver el azúcar por completo. Resérvelo.

>2 Deseche las hojas estropeadas y la raíz de la hierba de limón, y ralle de 15 a 20 cm de la parte inferior del tallo.

>3 Caliente 2 cucharadas de aceite en un cazo a fuego vivo; incorpore la hierba de limón, la chalota, el ajo y la guindilla, y rehóguelos 5 minutos o hasta que se doren y suelten su aroma.

>4 Añádalo a la mezcla del caldo de pescado y remueva bien. Resérvelo.

>5 Caliente 2 cucharadas de aceite en una sartén antiadherente y fría el tofu, en tandas si es necesario, dándole la vuelta a menudo, durante 6 minutos a fuego fuerte o hasta que esté dorado y crujiente por ambos lados.

>6 Escúrralo en un plato con papel de cocina. Si fríe el tofu en tandas, añada más aceite a la sartén cuando sea necesario.

Disponga el tofu frito en una fuente y aderécelo bien con la salsa de hierbas. Decórelo con los brotes de cilantro.

chop suey de ternera

para 4 personas

ingredientes
450 g de entrecot de vacuno en tiras
1 brócoli cortado en ramilletes
2 cucharadas de aceite vegetal
1 cebolla picada
2 tallos de apio picados
225 g de tirabeques cortados a lo largo
50 g de brotes de bambú en conserva
   enjuagados y troceados
8 castañas de agua en láminas
225 g de champiñones en láminas
1 cucharada de salsa de ostras
1 cucharadita de sal

para el adobo
1 cucharada de vino de arroz Shaoxing
½ cucharadita de pimienta blanca
½ cucharadita de sal
1 cucharada de salsa de soja clara
½ cucharadita de aceite de sésamo

 > 1 Mezcle en un cuenco todos los ingredientes del adobo y macere la ternera durante al menos 20 minutos.

 > 2 Escalde el brócoli en una cacerola con agua hirviendo durante 30 segundos. Escúrralo y resérvelo.

Reparta el chop suey en cuencos y sírvalo.

> 3 Caliente una cucharada de aceite en un wok precalentado y saltee la ternera hasta que cambie de color. Retírela y resérvela.

> 4 Limpie el wok, caliente el aceite restante y saltee la cebolla 1 minuto. Añada el apio y el brócoli, y prosiga con la cocción 2 minutos. Agregue los tirabeques, el bambú, las castañas y los champiñones, y saltéelos 1 minuto más. Incorpore la carne y sazone con la salsa de ostras y la sal.

fideos sichuan

para 4 personas

ingredientes

250 g de fideos al huevo gruesos
2 cucharadas de aceite de cacahuete (maní) o de maíz
2 dientes de ajo grandes picados finos
1 cebolla roja grande partida por la mitad y picada fina
125 ml de caldo de verduras o agua
2 cucharadas de salsa de soja y guindilla
2 cucharadas de pasta de sésamo china
1 cucharada de granos de pimienta de Sichuan tostados y molidos
1 cucharadita de salsa de soja clara
2 bok choi pequeños u otro tipo de col china cortada en cuartos
1 zanahoria grande rallada

> 1   Cueza los fideos en una cazuela con agua hirviendo durante 4 minutos hasta que se ablanden.

> 2   Escúrralos, enjuáguelos con agua fría y resérvelos.

> 3   Caliente un wok a fuego fuerte y agregue el aceite.

> 4   Incorpore el ajo y la cebolla, y saltéelos 1 minuto.

>5 Incorpore el caldo, la salsa de soja y guindilla, la pasta de sésamo, la pimienta de Sichuan y la salsa de soja, y llévelo todo a ebullición, removiendo para mezclar los ingredientes.

>6 Añada el bok choi y la zanahoria, y siga salteando 1 o 2 minutos hasta que comiencen a ablandarse.

>7 Agregue los fideos y continúe salteando.

>8 Mezcle todos los ingredientes con dos tenedores hasta que se calienten los fideos.

Sirva los fideos en cuencos individuales.

pato laqueado con brotes de bambú

para 4 personas

ingredientes

- 2,5 kg de pato para asar con menudillos
- 3 chalotas (echalotes) picadas
- 2 dientes de ajo fileteados
- 1 trozo de jengibre fresco de 2,5 cm picado
- 2 cucharaditas de mezcla china de cinco especias
- 2 granos de anís estrellado
- 100 ml de vino de arroz
- 3 cucharadas de salsa de soja
- 2 cucharadas de azúcar moreno (negro)
- 1 litro de agua aproximadamente
- 1 cucharadita de maicena
- 4 cucharadas de salsa de ciruela
- 225 g de brotes de bambú en conserva escurridos y cortados en bastoncitos
- cilantro picado, para decorar
- arroz hervido, para servir

> **1** Introduzca el pato en una cacerola con la pechuga hacia abajo. Añada las chalotas, el ajo, el jengibre, la mezcla de especias, el anís, el vino de arroz, la salsa de soja y el azúcar.

> **2** Vierta el agua necesaria para cubrir el pato. Llévelo a ebullición, tápelo y déjelo cocer a fuego lento 1 hora, dándole la vuelta una vez.

> **3** Saque el pato y deseche los menudillos. Córtelo en 8 trozos y quite el hueso central.

> **4** Cuele el líquido, retire la grasa y hiérvalo para reducirlo a unos 500 ml.

> **5** Mezcle la maicena con una cucharada de agua fría, incorpórela a la salsa y cuézala hasta que espese. Añada la salsa de ciruela.

> **6** Agregue el pato a la salsa y déjelo cocer a fuego lento de 8 a 10 minutos, dándole la vuelta de vez en cuando. Incorpore el bambú.

Sirva el pato decorado con cilantro y acompañado de arroz hervido.

tiras de ternera con salsa de judías negras

para 4 personas

ingredientes
3 cucharadas de aceite de cacahuete (maní)
450 g de solomillo de ternera cortado en tiras finas
1 pimiento (morrón) rojo y 1 verde en tiras finas
1 manojo de cebolletas (cebollas de verdeo) picadas
2 dientes de ajo majados
1 cucharada de jengibre fresco rallado
2 cucharadas de salsa de judías (porotos) negras
1 cucharada de jerez
1 cucharada de salsa de soja

>1 Caliente 2 cucharadas de aceite en un wok y saltee la ternera a fuego fuerte 1 o 2 minutos. Retírela y resérvela.

>2 Agregue el aceite restante y los pimientos, y saltéelos 2 minutos.

Reparta la ternera en cuencos y sírvala.

>3 Agregue la cebolleta, el ajo y el jengibre, y saltéelo todo 30 minutos.

>4 Añada la salsa de judías negras, el jerez y la salsa de soja, incorpore la carne y caliéntelo todo hasta que borbotee.

cerdo asado con glaseado de miel

para 4 personas

ingredientes

- 2 cucharadas de miel clara
- 1 cucharada de vinagre de arroz
- 2 cucharadas de azúcar moreno (negro) claro
- 1 cucharada de salsa hoisin
- 1 cucharada de salsa de soja clara
- 2 cucharaditas de mezcla china de cinco especias
- 1 pieza de solomillo de cerdo de 500 g
- 3 cucharadas de vino de arroz
- 1 cucharadita de maicena
- 175 ml de caldo de pollo
- verduras salteadas, para servir

> **1** Mezcle la miel, el vinagre, el azúcar, la salsa hoisin, la salsa de soja y la pimienta en un cuenco grande que no sea metálico, y añada la mezcla de especias. Unte el cerdo con la mezcla. Tápelo y déjelo macerar en el frigorífico toda la noche.

> **2** Precaliente el horno a 200 °C. Escurra el cerdo y colóquelo sobre una rejilla de acero en una fuente para horno. Reserve el adobo.

> **3** Vierta agua hirviendo en la fuente hasta alcanzar 2,5 cm y colóquela en el horno 20 minutos.

> **4** Dé la vuelta al cerdo, úntelo con el adobo y prosiga con la cocción otros 20 minutos o hasta que el jugo deje de salir rosado.

> **5** Mezcle el vino de arroz y la maicena hasta obtener una pasta uniforme; después, viértala en un cazo con el adobo que ha reservado y el caldo.

> **6** Lleve la salsa a ebullición, removiendo continuamente. Luego, cuézala a fuego lento 2 minutos hasta que espese y sea clara.

Corte el cerdo en lonchas finas y sírvalo con la salsa por encima. Acompáñelo de verduras salteadas.

pastelillos de pescado tailandeses

para 4 personas

ingredientes
1 diente de ajo fileteado
1 chalota (echalote) picada fina
1 tallo de hierba de limón (lemongrás) picado fino
1 trozo de galangal de 2,5 cm picado fino
4 cucharadas de cilantro picado
1 cucharada de caldo de pescado
1 huevo pequeño batido
500 g de filetes de pescado blanco sin piel
aceite de cacahuete (maní), para freír

para la salsa
1 trozo de pepino de 5 cm
1 guindilla (chile) roja pequeña
1 cucharadita de azúcar de palma o azúcar mascabado (de caña)
zumo (jugo) de 1 lima
2 cucharadas de salsa de soja clara

> 1 Coloque el ajo, la chalota, la hierba de limón, el galangal, el cilantro, el caldo de pescado y el huevo en una picadora, y tritúrelos hasta obtener una mezcla sin grumos.

> 2 Corte el pescado en trozos, échelos también en la picadora y tritúrelos poco a poco hasta que estén bien picados.

> 3 Divida la mezcla en 12 o 16 piezas y amáselas con las manos hasta formar bolas; después, aplástelas como si fueran pequeñas hamburguesas.

> 4 Para preparar la salsa, corte el pepino en dados muy pequeños y pique la guindilla en trocitos.

>5 Mezcle el azúcar, el zumo de lima y la salsa de soja, removiendo hasta que se disuelva el azúcar. Agregue el pepino y la guindilla.

>6 Caliente una buena cantidad de aceite en una sartén y fría los pastelillos de pescado en tandas hasta que se doren, dándoles la vuelta una vez.

>7 Saque los pastelillos y vaya poniéndolos sobre papel de cocina absorbente.

>8 Coloque todos los pastelillos sobre otro papel de cocina limpio.

Sirva los pastelillos de pescado calientes, acompañados de la salsa de guindilla.

ternera a la pimienta de sichuan

para 4 personas

ingredientes

1 trozo de jengibre fresco de 2,5 cm rallado
1 diente de ajo majado
1 cucharada de vino de arroz
1 cucharada de salsa de soja
1 cucharada de salsa hoisin
2 cucharadas de granos de pimienta de Sichuan molidos
600 g de solomillo de ternera
3 cucharadas de aceite de cacahuete (maní)
1 cebolla cortada fina
1 pimiento (morrón) verde sin semillas en tiras finas

 1 Mezcle el jengibre, el ajo, el vino de arroz, la salsa de soja, la salsa hoisin y la pimienta en un cuenco grande que no sea metálico.

 2 Corte la carne en medallones finos y dispóngalos en el cuenco, dándoles la vuelta para que se impregnen del adobo. Tápela y déjela marinar 30 minutos.

Sirva la carne enseguida.

> **3** Caliente el aceite en un wok y saltee la carne 1 o 2 minutos hasta que se dore. Retírela y resérvela.

> **4** Agregue la cebolla y el pimiento, y saltéelos 2 minutos. Incorpore la carne con el adobo y remuévala para que se caliente de forma homogénea.

postres

creps de coco con piña

para 4 personas

ingredientes
150 g de harina
2 cucharadas de azúcar extrafino
2 huevos
400 ml de leche de coco
1 piña (ananá) mediana
aceite de cacahuete (maní), para freír
coco tostado, para decorar
crema de coco en lata, para servir

> **1** Tamice la harina y el azúcar en un cuenco y haga un hueco en el centro.

> **2** Rellene el hueco con los huevos y la leche de coco e incorpore la harina. Bátalo todo hasta obtener una masa uniforme y espumosa.

> **3** Pele la piña, quítele la parte central y corte la pulpa en trozos.

> **4** Caliente un poco de aceite en una sartén de fondo pesado y vierta la masa de modo que cubra toda la base de la sartén.

>5 Fría la crep a fuego vivo hasta que cuaje y se dore por debajo.

>6 Dele la vuelta para que se dore por el otro lado.

>7 Repita el proceso con la masa restante hasta preparar 8 o 10 creps, y apílelas colocando un papel antiadherente entre cada una de ellas.

>8 Rellene las creps con trozos de piña y dóblelas en forma de abanico para servirlas.

Espolvoree las creps con coco rallado y sírvalas rociadas con crema de coco.

helado de té verde

para 4 personas

ingredientes
225 ml de leche
2 yemas de huevo
2 cucharadas de azúcar extrafino
2 cucharadas de té verde en polvo
90 ml de agua caliente
225 ml de nata (crema) para montar, ligeramente montada

> **1** Vierta la leche en un cazo y llévela a ebullición. Mientras, bata las yemas con el azúcar en un recipiente refractario.

> **2** Vierta la leche en la mezcla de huevo sin dejar de remover. Después, eche toda la mezcla de nuevo en el cazo y remuévala bien.

> **3** Cuézala a fuego lento durante 3 minutos, sin dejar de remover, o hasta que la mezcla esté suficientemente espesa y se adhiera al reverso de una cuchara. Retírela del fuego y deje que se enfríe.

> **4** Mezcle el té en polvo con el agua caliente en una jarra, viértalo en la crema fría y mézclelo bien.

>5 Incorpore la nata. Pase la mezcla a un recipiente resistente al frío y congélela 2 horas.

>6 Dispóngala en un cuenco y bátala con un tenedor para romper los cristales de hielo. Luego vuelva a colocarla en el recipiente para congelarla 2 horas más. Vuelva a batirla y congélela de nuevo toda la noche o hasta que se solidifique.

Sirva el helado en cuencos individuales.

helado de coco

para 4 personas

ingredientes
400 ml de leche de coco
150 g de azúcar extrafino
150 ml de nata (crema) líquida
ralladura fina de ½ lima
2 cucharadas de zumo (jugo)
  de lima
virutas de piel de lima, para
  decorar

> **1** Vierta la mitad de la leche de coco y el azúcar en un cazo, y remueva a fuego medio hasta que el azúcar se disuelva.

> **2** Retírelo del fuego e incorpore la leche de coco restante, la nata, la cáscara de lima y el zumo. Deje que se enfríe por completo.

Decore con las virutas de piel de lima y sírvalo.

>3 Pase la mezcla a un recipiente resistente al frío y congélela 2 horas, batiéndola cada hora.

>4 Sirva bolas del helado en vasos o cuencos.

gelatina de almendras al té
para 4-6 personas

ingredientes
- 410 g de leche evaporada
- 40 g de harina de arroz
- 40 g de azúcar extrafino
- 50 g de almendras molidas
- 1 cucharadita de extracto de almendra
- 1 sobre de gelatina
- 4 cucharadas de agua caliente
- 2 cucharaditas de hojas de té de jazmín
- pétalos de rosa, para decorar

> **1** Vierta la leche evaporada con la harina de arroz en una cazuela y hiérvala sin dejar de remover.

> **2** Retire el cazo del fuego e incorpore el azúcar, las almendras y el extracto de almendra. Tape la mezcla y déjela reposar 10 minutos.

> **3** Disuelva la gelatina en un cuenco de agua al baño María.

> **4** Agregue la gelatina a la mezcla de leche.

> **5** Vierta la mezcla en un molde cuadrado poco profundo de 18 cm. Déjela enfriar para que se cuaje.

> **6** Vierta 250 ml de agua hirviendo sobre el té y deje que repose durante 4 minutos.

> **7** Filtre el té y déjelo enfriar en el frigorífico.

> **8** Corte la gelatina de almendras en rombos y dispóngalos en cuencos individuales.

Vierta el té alrededor de la gelatina y decórelo con los pétalos de rosa para servir.

cuencos de judías mungo con especias

para 6 personas

ingredientes
85 g de judías mungo
100 g de azúcar extrafino
2 cucharadas de harina de arroz
½ cucharadita de canela molida
½ cucharadita de jengibre molido
ralladura de 1 lima
1 huevo grande
125 ml de leche de coco
nata (crema) montada y nuez moscada recién rallada, para servir

>1 Coloque las judías mungo en un cazo y cúbralas con agua hirviendo. Llévelas a ebullición, tápelas y déjelas cocer a fuego lento 30 minutos o hasta que estén tiernas.

>2 Escurra bien las judías mungo y tritúrelas en un mortero hasta obtener un puré uniforme.

>3 Tamice el azúcar, la harina y las especias en un cuenco, y añada el puré de soja y la cáscara de lima.

>4 Bata el huevo con la leche de coco y viértalo en el cuenco, mezclándolo bien.

> **5** Coloque una vaporera al fuego. Vierta la mezcla en cuencos individuales refractarios de 100 ml.

> **6** Cubra bien los cuencos con papel de aluminio y colóquelos en la vaporera.

> **7** Cuézalos al vapor de 20 a 25 minutos o hasta que comiencen a cuajar. Destápelos y deje que se enfríen un poco.

> **8** Para servir, coloque una cucharada de nata montada encima y espolvoree con la nuez moscada.

Sírvalos enseguida.

sorbete de lichi
para 4 personas

ingredientes

400 g de lichis en conserva o 450 g de lichis frescos, pelados y deshuesados (descarozados)
2 cucharadas de azúcar glas (glacé)
1 clara de huevo
1 limón en rodajas finas, para decorar

 1 Disponga la pulpa de lichi con el azúcar en una licuadora o trituradora. Licúela hasta obtener un puré.

 2 Pase el puré por un colador para tamizar los trozos sólidos que pueda haber.

Decore con las rodajas de limón y sirva.

> **3** Ponga el puré en un recipiente resistente al frío y congélelo 3 horas.

> **4** Vierta la mezcla en la licuadora o picadora y licúela hasta que esté medio derretida. Con el motor en funcionamiento, añada la clara de huevo; después, vuelva a pasar la mezcla al recipiente y congélela 8 horas o toda la noche.

dumplings de plátano frito

para 6 personas

ingredientes

aceite vegetal, para freír
150 g de harina
2 cucharadas de azúcar de palma o granulado
½ cucharadita de sal
2 cucharaditas de levadura
2 huevos grandes
350 g de leche de coco envasada
12 plátanos (bananas) asiáticos pequeños, maduros y pelados
azúcar glas (glasé), para espolvorear

> **1** Rellene hasta la mitad una cazuela con aceite y caliéntelo a fuego medio-alto a 180 o 190 °C, o hasta que un trozo de pan se dore en 30 segundos.

> **2** Mientras, disponga la harina, el azúcar, la sal y la levadura en un cuenco mediano.

> **3** Remueva para que se mezclen los ingredientes. Haga un hueco en el centro y rellénelo con los huevos y la leche de coco.

> **4** Bata y vaya incorporando gradualmente los ingredientes secos a los húmedos hasta que la masa sea uniforme. Bañe los plátanos en la masa, asegurándose de que quedan totalmente cubiertos.

>5 Introduzca los plátanos en el aceite caliente por tandas y fríalos de 5 a 7 minutos o hasta que se doren y estén crujientes.

>6 Escurra los plátanos en un plato cubierto con papel de cocina.

Colóquelos en una fuente y sírvalos espolvoreados con azúcar glas.

galletas de almendras
para unas 50 unidades

ingredientes
675 g de harina
½ cucharadita de levadura
½ cucharadita de sal

100 g de almendras en láminas
225 g de manteca (grasa) en cubitos

225 g de azúcar blanco
1 huevo ligeramente batido
1½ cucharadita de esencia de almendra

50 almendras enteras, para decorar (opcional)

> 1 Precaliente el horno a 160 °C. Tamice la harina, la levadura y la sal juntas, y resérvelas.

> 2 Triture las almendras laminadas en una picadora, agregue la mezcla de harina y siga triturando hasta que las almendras se hayan mezclado bien con la harina.

> 3 Disponga la mezcla de harina y almendras en un cuenco grande, agregue la manteca y mézclela con la harina hasta que se deshaga.

> 4 Añada el azúcar, el huevo y la esencia de almendra, y mézclelo todo bien hasta que la masa quede blanda y maleable pero suficientemente consistente para trabajarla.

>5 Divida la masa en bolitas de 2,5 cm. Colóquelas en bandejas para horno dejando un espacio de 5 cm entre ellas y aplástelas con una cuchara.

>6 Coloque una almendra entera (si lo desea) sobre cada galleta. Hornéelas de 15 a 18 minutos.

Pase las galletas a una rejilla para que se enfríen y sírvalas.

mango sobre cuadrados de arroz

para 4 personas

ingredientes
200 g de arroz jazmín
250 ml de leche de coco
 envasada
250 ml de agua
85 g de azúcar extrafino
2 mangos maduros
zumo (jugo) de 1 lima
virutas de piel de lima,
 para decorar

>1 Coloque el arroz en una cazuela con la leche de coco, el agua y el azúcar, y llévelo a ebullición.

>2 Baje el fuego, tápelo y déjelo cocer a fuego lento de 20 a 25 minutos, removiéndolo de vez en cuando, hasta que esté tierno y glutinoso.

Sirva los cuadrados de arroz acompañados de rodajas de mango y puré, y adornados con las virutas de lima.

>3 Extienda el arroz en un molde cuadrado de 20 cm engrasado y déjelo endurecerse. Córtelo entonces en 4 cuadrados.

>4 Pele, deshuese y corte los mangos en rodajas, y rocíelos con el zumo de lima. Reserve algunas rodajas y haga un puré con el resto en una picadora.

pudin de leche al estilo malasio

para 4 personas

ingredientes

40 g de tallarines vermicelli de arroz
40 g de mantequilla (manteca)
700 ml de leche
125 ml de crema de coco
30 g de azúcar extrafino
1 rama de canela
3 vainas de cardamomo
40 g de pasas sultanas
½ cucharadita de extracto de almendra
una pizca de cúrcuma molida
2 cucharadas de almendras en láminas

>1 Parta los tallarines en trozos de 5 cm de longitud.

>2 Caliente 30 g de mantequilla en una cazuela y fría los tallarines, sin dejar de remover, hasta que se doren ligeramente.

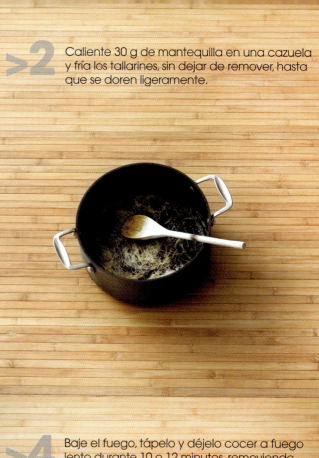

>3 Incorpore la leche, la crema de coco, el azúcar, la canela y el cardamomo, y remuévalo todo hasta que esté a punto de hervir.

>4 Baje el fuego, tápelo y déjelo cocer a fuego lento durante 10 o 12 minutos, removiendo de vez en cuando.

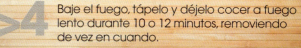

>5 Agregue las pasas, el extracto de almendra y la cúrcuma, y déjelo cocer todo a fuego lento 5 minutos. Déjelo enfriar.

>6 Fría las almendras en la mantequilla restante hasta que se doren.

Sirva el pudín en cuencos, decorado con las láminas de almendra.

ensalada de frutas oriental

para 4-6 personas

ingredientes
1 lima
2 tallos de hierba de limón
 (lemongrás) majados
50 g de azúcar extrafino
100 ml de agua hirviendo
400 g de sandía
½ melón Galia de unos 350 g
1 fruta del dragón
1 carambola
brotes de menta, para decorar
helado de coco, para servir
 (opcional)

> **1** Pele una tira fina de cáscara de lima y colóquela en una jarra refractaria con la hierba de limón y el azúcar.

> **2** Vierta encima el agua hirviendo, removiendo para que se disuelva el azúcar, y déjelo enfriar por completo.

> **3** Pele y quite las pepitas del melón y la sandía, y córtelos junto con la fruta del dragón en trozos pequeños.

> **4** Quite los extremos a la carambola y córtela en rodajas finas.

> **5** Disponga todas las frutas en un bol amplio y exprima la lima por encima.

> **6** Cuele el almíbar de la hierba de limón, viértalo sobre la fruta y remueva un poco.

Reparta la ensalada en cuencos, decórela con la menta y sírvala con helado, si lo desea.

crema de maracuyá al horno

para 4 personas

ingredientes
4 maracuyás
4 huevos grandes
175 ml de leche de coco
50 g de azúcar extrafino
1 cucharadita de agua
   de azahar

> **1** Precaliente el horno a 180 °C. Parta por la mitad 3 maracuyás, retire la pulpa con una cuchara y tamícela para quitar las semillas.

> **2** Bata los huevos, el zumo de los maracuyás, la leche de coco, el azúcar y el agua de azahar hasta obtener una textura uniforme.

Sirva la crema templada o fría.

>**3** Vierta la crema en 4 recipientes refractarios de 200 ml, colóquelos sobre una bandeja para horno y vierta agua caliente hasta la mitad de los recipientes.

>**4** Hornee la crema de 40 a 45 minutos o hasta que cuaje. Extraiga la pulpa del maracuyá restante y, con una cuchara, ponga un poquito sobre cada recipiente antes de servir.

boniatos al caramelo

para 4 personas

ingredientes

450 g de boniatos (batatas) bien lavados

aceite de cacahuete (maní), para freír
150 g de azúcar

1 cucharadita de salsa de soja
75 ml de agua
2 cucharaditas de sésamo

> 1   Corte los boniatos con piel en rodajas de 1 cm de grosor.

> 2   Corte cada rodaja en cuartos.

> 3   En un wok, caliente 2,5 cm de aceite a 180-190 °C, o hasta que un trozo de pan se dore en 30 segundos. Fría los boniatos en tandas durante 2 o 3 minutos hasta que se doren.

> 4   Saque los boniatos con una espumadera y escúrralos sobre papel de cocina.

>5 Disponga el azúcar, la salsa de soja y el agua en un cazo, y remueva a fuego lento hasta que el azúcar se disuelva.

>6 Hierva la mezcla hasta que espese y adquiera el color oscuro característico del caramelo. Retírela del fuego.

>7 Introduzca un instante los trozos de boniato en el caramelo, moviéndolos para que se cubran por completo.

>8 Colóquelos sobre papel antiadherente y rocíelos con el sésamo. Déjelo enfriar.

Sirva los boniatos al caramelo enseguida.

pastel de sémola al estilo birmano

para 4 personas

ingredientes

115 g de mantequilla (manteca)
250 g de sémola gruesa
400 ml de leche de coco envasada
400 ml de agua
150 g de azúcar mascabado (de caña) claro
½ cucharadita de cardamomo molido
4 huevos batidos
50 g de pasas sultanas
2 cucharadas de semillas de amapola o sésamo

> **1** Precaliente el horno a 200 °C. Engrase un molde cuadrado de 23 cm con una cucharada de mantequilla.

> **2** Disponga la sémola en una cazuela de fondo pesado y tuéstela a temperatura alta, removiéndola hasta que obtenga un suave color dorado.

> **3** Incorpore la leche de coco, el agua y el azúcar; déjelo cocer a fuego lento, removiendo constantemente, hasta que espese.

> **4** Retírelo del fuego y agregue la mantequilla restante, el cardamomo, los huevos y las pasas.

> **5** Extienda la mezcla en el molde y espolvoréela con semillas de amapola.

> **6** Hornéela durante 40 o 45 minutos hasta que adquiera consistencia y se dore. Deje enfriar el molde, y corte el pastel en cuadrados o en rombos.

Sirva el pastel frío a modo de dulce, o templado con fruta fresca como postre.

wontons dulces

para 4 personas

ingredientes
85 g de dátiles deshuesados (descarozados)
1 plátano (banana)
50 g de almendras peladas
½ cucharadita de canela molida
20 láminas de wonton
1 clara de huevo ligeramente batida
aceite de cacahuete (maní), para freír
azúcar glas (glasé), para espolvorear

> 1 Pele el plátano. Corte los dátiles, el plátano y las almendras en trocitos, y mézclelos con la canela.

> 2 Coloque una cucharadita de la mezcla de frutas en el centro de cada lámina de wonton.

Sirva los wontons calientes, ligeramente espolvoreados con azúcar glas.

> 3 Pinte los extremos de cada wonton con la clara de huevo, levante los lados y júntelos para sellarlos. Retire las esquinas.

> 4 Caliente aceite para freír en un wok o sartén grande a 180 o 190 °C, o hasta que un trozo de pan se dore en 30 segundos. Fría los wontons durante 1 o 2 minutos, dándoles la vuelta de vez en cuando, hasta que se doren. Escúrralos sobre papel de cocina.

Índice

almendras
    galletas de almendras 196-199
    gelatina de almendras al té 182-185
    pudin de leche al estilo malasio 202-205
    wontons dulces 220-221
anacardos: pollo con anacardos 134-137
ananá *véase* piña
anís estrellado
    pato ahumado al té con arroz jazmín 92-95
    pato asado con salsa hoisin y sésamo 34-35
    pato laqueado con brotes de bambú 154-157
    sopa de fideos con pollo 30-33
apio
    arroz frito con pollo 106-107
    chop suey de ternera 148-149
    sopa de fideos con pollo 30-33
    wraps de verduras al estilo vietnamita 54-55
arroz
    arroz aromático con hierba de limón
        y jengibre 88-91
    arroz frito con huevo 96-97
    arroz frito con pollo 106-107
    gelatina de almendras al té 182-185
    mango sobre cuadrados de arroz 200-201
    pato ahumado al té con arroz jazmín 92-95
    rollitos de cangrejo, espárragos y shiitake
        con salsa ponzu 78-81
    sushi servido en cuencos con caballa
        ahumada 68-71
atún: sashimi 60-63

banana *véase* plátano
batata *véase* boniato
boniato
    boniatos al caramelo 212-215
    tempura de verduras 36-39
brócoli
    chop suey de ternera 148-149
    sopa laksa de salmón al estilo tailandés 26-29
    tallarines ho fun con tiras de ternera 102-105
brotes de bambú
    chop suey de ternera 148-149
    pato laqueado con brotes de bambú 154-157
    rollitos de primavera 56-59
    sopa tom yum tailandesa con pescado 16-19
brotes de soja
    ensalada tailandesa de fideos 112-115
    gado gado 120-123
    pho bo de ternera 86-87
    rollitos de primavera 56-59
    salteado de fideos udon con pasta de
        pescado y jengibre 72-75
    tallarines pad con tiras de cerdo y gambas 98-101
    wraps de verduras al estilo vietnamita 54-55
    yaki soba 76-77

caballa
    sashimi 60-63
    sushi servido en cuencos con caballa
        ahumada 68-71

cacahuetes
    brochetas de pollo satay con salsa de
        cacahuete 46-49
    ensalada tailandesa de tallarines 112-115
    gado gado 120-123
    tallarines pad con tiras de cerdo
        y gambas 98-101
caldo de pescado
    ensalada tailandesa de fideos 112-115
    fideos con pak choi en salsa de ostras 116-117
    pastelillos de pescado tailandeses 164-167
    pho bo de ternera 86-87
    sopa laksa de salmón al estilo tailandés 26-29
    sopa tom yum tailandesa con pescado 16-19
    tallarines pad con tiras de cerdo
        y gambas 98-101
    tofu frito con hierba de limón 144-147
    wraps de verduras al estilo vietnamita 54-55
cangrejo
    rollitos de cangrejo, espárragos y shiitake
        con salsa ponzu 78-81
    wontons de cangrejo 50-53
castañas de agua
    chop suey de ternera 148-149
    sopa tom yum tailandesa con pescado 16-19
castañas de Cajú *véase* anacardos
cebollas de verdeo *véase* cebolletas
cebolletas
    ensalada tailandesa de fideos 112-115
    fideos con pak choi en salsa de ostras 116-117
    gyozas de cerdo y repollo 40-43
    pato ahumado al té con arroz jazmín 92-95
    pato asado con salsa hoisin y sésamo 34-35
    pato laqueado con brotes de bambú 154-157
    pato pequinés 138-139
    pho bo de ternera 86-87
    pollo al curry verde 128-129
    rollitos de primavera 56-9
    sopa agridulce tom yum 20-23
    sopa de fideos con pollo 30-33
    sopa de miso 24-25
    sushi servido en cuencos con caballa
        ahumada 68-71
    tallarines pad con tiras de cerdo y gambas 98-101
    tiras de ternera con salsa de judías negras 158-159
    yaki soba 76-77
cerdo
    cerdo al jengibre con setas shiitake 140-143
    cerdo asado con glaseado de miel 160-316
    gyozas de cerdo y repollo 40-43
    rollitos de primavera 56-59
    tallarines pad con tiras de cerdo y gambas 98-101
chalotas
    arroz frito con pollo 106-107
    cerdo al jengibre con setas shiitake 140-143
    gado gado 120-123
    pastelillos de pescado tailandeses 164-167
    pato laqueado con brotes de bambú 154-157
    tallarines pad con tiras de cerdo y gambas 98-101
    tofu frito con hierba de limón 144-147

chile *véase* guindilla
cilantro
    bocaditos de gamba 44-45
    ensalada tailandesa de fideos 112-115
    pastelillos de pescado tailandeses 164-167
    pato ahumado al té con arroz jazmín 92-95
    pho bo de ternera 86-87
    pollo al curry verde 128-129
    salteado de fideos udon con pasta de
        pescado y jengibre 72-75
    sopa laksa de salmón al estilo tailandés 26-29
    sopa tom yum tailandesa con pescado 16-19
    wontons de cangrejo 50-53
    wraps de verduras al estilo vietnamita 54-55
col china
    gyozas de cerdo y repollo 40-43
    tallarines ho fun con tiras de ternera 102–105
crema *véase* nata
curry de marisco 124-127

daikon: sushi servido en cuencos con caballa
    ahumada 68-71
dashi: sopa de miso 24-25
dátiles: wontons dulces 220-221

echalotes *véase* chalotas
ensalada de frutas oriental 206-209
ensalada tailandesa de fideos 112-115
espárragos trigueros
    rollitos de cangrejo, espárragos y shiitake con
        salsa ponzu 78-81
    tempura de verduras 36-39

fruta del dragón: ensalada de frutas oriental 206-209

gado gado 120-123
galangal
    pastelillos de pescado tailandeses 164-167
    sopa tom yum tailandesa con pescado 16-19
gambas
    bocaditos de gamba 44-55
    curry de marisco 124-127
    fideos con sésamo y gambas 82-85
    rollitos de primavera 56-9
    salteado de fideos udon con pasta
        de pescado y jengibre 72-75
    sopa tom yum tailandesa con pescado 16-19
    tallarines pad con tiras de cerdo
        y gambas 98-101
    yaki soba 76-77
guindilla
    curry de marisco 124-127
    ensalada tailandesa de fideos 112-115
    fideos al huevo con tofu y setas 108-111
    gado gado 120-3
    pastelillos de pescado tailandeses 164-167
    pho bo de ternera 86-87
    sopa agridulce tom yum 20-23
    sopa laksa de salmón al estilo tailandés 26-29
    sopa tom yum tailandesa con pescado 16-19

tallarines ho fun con tiras de ternera 102-105
tallarines pad con tiras de cerdo
   y gambas 98-101
tofu frito con hierba de limón 144-147
wraps de verduras al estilo vietnamita 54-55

helado de té verde 176-179
hierba de limón
   arroz aromático con hierba de limón
     y jengibre 88-91
   sopa agridulce tom yum 20-23
hongos *véase* setas
huevos
   arroz frito con huevo 96-97
   arroz frito con pollo 106-107
   crema de maracuyá al horno 210-211
   creps de coco con piña 172-175
   dumplings de plátano frito 192-195
   gado gado 120-3
   helado de té verde 176-179
   pastel de sémola al estilo birmano 216-219
   tallarines pad con tiras de cerdo y gambas 98-101

jengibre
   alitas de pollo con jengibre y soja 64-65
   arroz aromático con hierba de limón
     y jengibre 88-91
   brochetas de pollo satay con salsa de
     cacahuete 46-49
   cerdo al jengibre con setas shiitake 140-143
   cuencos de judías mungo con especias 186-189
   curry de marisco 124-127
   gyozas de cerdo y repollo 40-43
   pato laqueado con brotes de bambú 154-157
   pho bo de ternera 86-87
   pollo con anacardos 134-137
   sopa de fideos con pollo 30-33
   sopa laksa de salmón al estilo tailandés 26-29
   tallarines ho fun con tiras de ternera 102-105
   ternera a la pimienta de Sichuan 168-169
   tiras de ternera con salsa de judías negras
     158-159
   wontons de cangrejo 50-53
judías mungo: cuencos de judías mungo
   con especias 186-189
judías verdes: gado gado 120-123

langostinos *véase* gambas
leche/crema de coco
   arroz aromático con hierba de limón
     y jengibre 88-91
   crema de maracuyá al horno 210-211
   creps de coco con piña 172-175
   cuencos de judías mungo con especias 186-189
   curry de marisco 124-127
   dumplings de plátano frito 192-195
   gado gado 120-123
   helado de coco 180-181
   mango sobre cuadrados de arroz 200-201
   pastel de sémola al estilo birmano 216-219
   pollo al curry verde 128-129

pudin de leche al estilo malasio 202-205
sopa laksa de salmón al estilo tailandés 26-29
lechuga
   gado gado 120-123
   wraps de verduras al estilo vietnamita 54-55
lemongrás *véase* hierba de limón
lima
   alitas de pollo con jengibre y soja 64-65
   cuencos de judías mungo con especias 186-189
   ensalada de frutas oriental 206-209
   ensalada tailandesa de fideos 112-15
   fideos al huevo con tofu y setas 108-111
   fideos con pak choi en salsa de ostras 116-117
   gado gado 120-123
   helado de coco 180-181
   mango sobre cuadrados de arroz 200-201
   pastelillos de pescado tailandeses 164-167
   sopa agridulce tom yum 20-23
   sopa laksa de salmón al estilo tailandés 26-29
   sopa tom yum tailandesa con pescado 16-19
   tallarines pad con tiras de cerdo y gambas 98-101
   tofu frito con hierba de limón 144-147
   wraps de verduras al estilo vietnamita 54-55
lima kaffir
   arroz aromático con hierba de limón
     y jengibre 88-91
   sopa tom yum tailandesa con pescado 16-19
limón
   ensalada de frutas oriental 206-209
   pastelillos de pescado tailandeses 164-167
   sopa tom yum tailandesa con pescado 16-19
   sushi servido en cuencos con caballa
     ahumada 68-71

maíz
   arroz frito con pollo 106-107
   ensalada tailandesa de fideos 112-115
   sopa de fideos con pollo 30-33
mango
   mango sobre cuadrados de arroz 200-201
   pato asado con salsa hoisin y sésamo 34-35
manís *véase* cacahuetes
maracuyá: crema de maracuyá al horno
   210-211
melón: ensalada de frutas oriental 206-209
menta: wraps de verduras al estilo
   vietnamita 54-55
mezcla china de cinco especias
   cerdo asado con glaseado de miel 160-163
   pato laqueado con brotes de bambú 154-157
miel
   alitas de pollo con jengibre y soja 64-65
   cerdo asado con glaseado de miel 160-163
   pato pequinés 138-139
mirin
   gyozas de cerdo y repollo 40-43
   rollitos de cangrejo, espárragos y shiitake
     con salsa ponzu 78-81
   salteado de fideos udon con pasta de
     pescado y jengibre 72-75
   yaki soba 76-77

morrones *véase* pimientos
nata
   helado de coco 180-181
   helado de té verde 176-179
nori: rollitos de cangrejo, espárragos y shiitake
   con salsa ponzu 78-81

pak choi
   fideos con pak choi en salsa de ostras 116-117
   fideos Sichuan 150-153
   sopa agridulce tom yum 20-23
pasas sultanas
   pastel de sémola al estilo birmano 216-219
   pudin de leche al estilo malasio 202-205
pasta de pescado: salteado de fideos udon
   con pasta de pescado y jengibre 72-75
pasta de sésamo: fideos Sichuan 150-153
pasta wasabi: rollitos de cangrejo, espárragos
   y shiitake con salsa ponzu 78-81
pastel de sémola al estilo birmano 216-219
pastelillos de pescado tailandeses 164-167
pato
   pato ahumado al té con arroz jazmín 92-95
   pato asado con salsa hoisin y sésamo 34-35
   pato laqueado con brotes de bambú 154-157
   pato pequinés 138-139
pepino
   brochetas de pollo satay con salsa de
     cacahuete 46-49
   gado gado 120-123
   pastelillos de pescado tailandeses 164-167
   pato asado con salsa hoisin y sésamo 34-35
   pato pequinés 138-139
   sushi servido en cuencos con caballa
     ahumada 68-71
pescado y marisco
   curry de marisco 124-127
   pastelillos de pescado tailandeses 164-167
   sashimi 60-63
   sopa tom yum tailandesa con pescado 16-19
   véanse también caballa; gambas; salmón
pho bo de ternera 86-87
pimientos
   arroz frito con pollo 106-107
   gado gado 120-123
   pollo con anacardos 134-137
   tempura de verduras 36-39
   ternera a la pimienta de Sichuan 168-169
   tiras de ternera con salsa de judías negras 158-159
   wontons de cangrejo 50-53
   yaki soba 76-77
piña: creps de coco con piña 172-175
plátano
   dumplings de plátano frito 192-195
   wontons dulces 220-221
pollo
   alitas de pollo con jengibre y soja 64-65
   arroz frito con pollo 106-107
   brochetas de pollo satay con salsa
     de cacahuete 46-49
   pollo al curry verde 128-129

pollo teriyaki 130-133
   sopa de fideos con pollo 30-33
   yaki soba 76-77
porotos *véase* judías
postres
   boniatos al caramelo 212-215
   crema de maracuyá al horno 210-11
   creps de coco con piña 172-175
   cuencos de judías mungo con especias 186-189
   dumplings de plátano frito 192-195
   ensalada de frutas oriental 206-209
   galletas de almendras 196-199
   gelatina de almendras al té 182-185
   helado de coco 180-181
   helado de té verde 176-179
   mango sobre cuadrados de arroz 200-201
   pastel de sémola al estilo birmano 216-219
   pudin de leche al estilo malasio 202-205
   sorbete de lichi 190-191
   wontons dulces 220-221
pudin de leche al estilo malasio 202-205
puerros: salteado de fideos udon con pasta de pescado y jengibre 72-75

repollo: fideos con sésamo y gambas 82-85
rollitos de primavera 56-59

salmón
   sashimi 60-63
   sopa laksa de salmón al estilo tailandés 26-29
salsa de ciruela
   pato laqueado con brotes de bambú 154-157
   pato pequinés 138-139
salsa de guindilla: alitas de pollo con jengibre y soja 64-65
salsa de judías negras: tiras de ternera con salsa de judías negras 158-159
salsa de ostras
   chop suey de ternera 148-149
   fideos con pak choi en salsa de ostras 116-117
salsa de soja
   alitas de pollo con jengibre y soja 64-65
   arroz frito con pollo 106-107
   boniatos al caramelo 212-215
   brochetas de pollo satay con salsa de cacahuete 46-49
   cerdo al jengibre con setas shiitake 140-143
   cerdo asado con glaseado de miel 160-163
   chop suey de ternera 148-149
   fideos al huevo con tofu y setas 108-111
   fideos Sichuan 150-153
   pastelillos de pescado tailandeses 164-167
   pato laqueado con brotes de bambú 154-157
   pollo con anacardos 134-137
   sopa agridulce tom yum 20-23
   tallarines ho fun con tiras de ternera 102-105
   ternera a la pimienta de Sichuan 168-169
   tiras de ternera con salsa de judías negras 158-159
   véase también shoyu

salsa de soja y guindilla: fideos Sichuan 150-153
salsa hoisin
   cerdo asado con glaseado de miel 160-163
   pato asado con salsa hoisin y sésamo 34-35
   pato pequinés 138-139
   ternera a la pimienta de Sichuan 168-169
salteado de fideos udon con pasta de pescado y jengibre 72-75
sashimi 60-63
sémola: pastel de sémola al estilo birmano 216-219
sésamo
   boniatos al caramelo 212-215
   pato asado con salsa hoisin y sésamo 34-35
   pollo teriyaki 130-133
   fideos con sésamo y gambas 82-85
   yaki soba 76-77
setas
   cerdo al jengibre con setas shiitake 140-143
   chop suey de ternera 148-149
   fideos al huevo con tofu y setas 108-111
   fideos con sésamo y gambas 82-85
   pollo con anacardos 134-137
   rollitos de cangrejo, espárragos y shiitake con salsa ponzu 78-81
   rollitos de primavera 56-59
   salteado de fideos udon con pasta de pescado y jengibre 72-75
   sopa agridulce tom yum 20-23
   sopa de miso 24-25
   tempura de verduras 36-39
shiso: fideos con sésamo y gambas 82-85
shoyu
   fideos con sésamo y gambas 82-85
   gyozas de cerdo y repollo 40-43
   rollitos de cangrejo, espárragos y shiitake con salsa ponzu 78-81
   salteado de fideos udon con pasta de pescado y jengibre 72-75
   yaki soba 76-77
sopas
   sopa agridulce tom yum 20-23
   sopa de fideos con pollo 30-33
   sopa de miso 24-5
   sopa tom yum tailandesa con pescado 16-19
sorbete de lichi 190-191
tallarines y fideos
   ensalada tailandesa de fideos 112-115
   fideos al huevo con tofu y setas 108-111
   fideos con sésamo y gambas 82-85
   fideos con pak choi en salsa de ostras 116-117
   fideos Sichuan 150-153
   pho bo de ternera 86-87
   pollo teriyaki 130-133
   pudin de leche al estilo malasio 202-205
   salteado de fideos udon con pasta de pescado y jengibre 72-75
   sopa de fideos con pollo 30-33
   sopa laksa de salmón al estilo tailandés 26-29

tallarines ho fun con tiras de ternera 102-105
tallarines pad con tiras de cerdo y gambas 98-101
yaki soba 76-77
té
   helado de té verde 176-179
   gelatina de almendras al té 182-185
   pato ahumado al té con arroz jazmín 92-95
tempura de verduras 36-39
ternera
   chop suey de ternera 148-149
   pho bo de ternera 86-87
   tallarines ho fun con tiras de ternera 102-105
   ternera a la pimienta de Sichuan 168-169
   tiras de ternera con salsa de judías negras 158-159
tirabeques
   chop suey de ternera 148-149
   sushi servido en cuencos con caballa ahumada 68-71
tofu
   fideos al huevo con tofu y setas 108-111
   gado gado 120-123
   sopa agridulce tom yum 20-23
   sopa de miso 24-25
   tofu frito con hierba de limón 144-147
tomates
   curry de marisco 124-127
   sopa tom yum tailandesa con pescado 16-19
vieiras: sashimi 60-63
vino de arroz
   cerdo al jengibre con setas shiitake 140-143
   cerdo asado con glaseado de miel 160-163
   chop suey de ternera 148-149
   pato laqueado con brotes de bambú 154-157
   pato pequinés 138-139
   pollo con anacardos 134-137
   ternera a la pimienta de Sichuan 168-169
wontons
   gyozas de cerdo y repollo 40-43
   wontons de cangrejo 50-53
   wontons dulces 220-221
wraps de verduras al estilo vietnamita 54-5

yaki soba 76-77

zanahorias
   arroz frito con pollo 106-107
   ensalada tailandesa de fideos 112-115
   fideos con sésamo y gambas 82-85
   fideos Sichuan 150-153
   sopa de fideos con pollo 30-33
   sopa laksa de salmón al estilo tailandés 26-29
   wraps de verduras al estilo vietnamita 54-55